XÓCHITL

SCARLETT LINDERO

XÓCHITL

**DE VENDER GELATINAS A
BUSCAR LA PRESIDENCIA
DE MÉXICO**

Planeta

ÍNDICE

INTRODUCCIÓN

Un año atrás nadie esperaba que su nombre estuviera en las boletas electorales de 2024 para competir por la presidencia del país, ni siquiera ella misma. Bertha Xóchitl Gálvez Ruiz le dio alas a una oposición que, hasta antes de su irrupción, no lograba despegar ni perfilar un verdadero rival para competir contra las «corcholatas» del partido Movimiento de Regeneración Nacional (Morena). Ni el propio presidente Andrés Manuel López Obrador (AMLO) imaginó que —sin querer— terminaría haciéndole la campaña desde Palacio Nacional y poniendo en jaque a su propio partido.

Si las probabilidades que tiene una candidata de llegar a la silla presidencial se miden por la amenaza que representa para sus rivales y por su popularidad desmedida, Xóchitl Gálvez sería la esperanza de cambio para quienes no encuentran respuesta en el lopezobradorismo ni en los viejos rostros de la oposición.

Además de que su principal interlocutor era el presidente López Obrador, quien hablaba de ella y contra ella en sus «mañaneras», Xóchitl Gálvez se convirtió en un fenómeno mediático en poco tiempo, principalmente porque lo que representa les dice algo de sí mismas a muchas personas, las mueve e inspira, les da esperanza. La mujer que aspira a convertirse en la primera presidenta de México podría ser la mujer que vivió en distintos Méxicos y los conoce a fondo.

A diferencia de las historias personales de sus rivales que compiten internamente en Morena por convertirse en los candidatos a la presidencia, la de Xóchitl Gálvez parece ser una historia de lucha personal que concuerda perfectamente con el lema lopezobradorista de «Por el bien de todos, primero los pobres».

Ella no representa la figura de la política convencional.

No solo es pueblo, anduvo en los pueblos y ha trabajado con ellos, según ha dicho ella misma cuando le cuestionan su origen.

Su nombre acaparó titulares, encuestas y debates desde que se destapó como una de las aspirantes de la oposición por el Frente Amplio por México (FAM). Entonces se abrió una nueva posibilidad de cambio en el país. Un movimiento inesperado en el tablero electoral. Algunos analistas aún cuestionan si su perfil realmente debe ser estudiado como un fenómeno. Lo cierto es que Xóchitl es la invitada sorpresa —y para muchos incómoda— que en menos de dos semanas puso a temblar a Morena y al propio presidente, quien enseguida se dio cuenta de todo lo que podía significar Xóchitl y decidió arremeter en su contra en un intento de mantener a raya cualquier amenaza.

Como lo hace con la mayoría de sus opositores, López Obrador acusó que la candidatura de Xóchitl era una maniobra de la oligarquía[1] para tratar de frenar la llamada «Cuarta Transformación». Pero lo que quizá no recuerda es que juntos iniciaron y fueron haciendo relevante esta historia.

Todo comenzó a finales de 2022, cuando Xóchitl fue invitada a participar en el foro «Retos en la política pública para impulsar el desarrollo sostenible en México» de la Feria Internacional del

Libro de Guadalajara (FIL). Ahí habló sobre los programas sociales en el país, principales «estandartes» del gobierno de AMLO.

En aquel foro, Xóchitl dijo estar a favor de apoyos como el que se les da a los adultos mayores o a los jóvenes. Sin embargo, consideró que deberían estar acompañados de programas de educación y generación de empleos:[2]

> Yo estoy de acuerdo en apoyar a los que menos tienen, por supuesto que estoy de acuerdo en esas transferencias, pero me parece que es insuficiente. Algo que aprendí de mi abuelo es ganar tu comida trabajando y creo que lo que tenemos que hacer es que estos apoyos sean temporales; darles habilidades, educación, certificación y competencias laborales; generar fuentes de empleo para que la gente pueda salir adelante.

Estas declaraciones llegaron a oídos del presidente López Obrador, quien sacó de contexto lo dicho por Xóchitl y la acusó de buscar eliminar las pensiones para adultos mayores. Hasta ese momento Xóchitl se perfilaba para competir por la jefatura de Gobierno de la Ciudad de México en las elecciones de 2024, con la alianza opositora a Morena.

El 5 de diciembre de 2022,[3] en una conferencia en Campeche, el presidente dijo lo siguiente:

Acaba de decir la señora Xóchitl Gálvez que ella va a quitar los programas de apoyo a los adultos mayores. Lo mismo planteó la que era candidata del Partido Revolucionario Institucional [PRI] en Hidalgo, y han votado para que no se apoye a los adultos mayores, ni se apoye la educación pública, ni se apoye la salud pública, que no se entreguen becas a personas con discapacidad, porque todo eso para ellos es populismo, es paternalismo.

Sin saberlo, esa declaración marcó el inicio de la carrera presidencial de Xóchitl, porque después de eso se dio una serie de desacuerdos entre ambos que culminó cuando se destapó como candidata presidencial.

Después de esa primera acusación, Xóchitl le pidió que le «abriera foro» en Palacio Nacional para que aclarara su postura. El primer *round* había iniciado.

AMLO se negó a recibirla y acusó que la hidalguense solo buscaba tener el *rating* de la conferencia matutina. Irónicamente, lo tendría tiempo después, ya que sería él mismo quien mencionara su nombre descalificándola una y otra vez desde su tribuna.

Xóchitl no se quedó de brazos cruzados y buscó una vía legal para defenderse. A principios de junio de 2023 obtuvo un amparo de un juez para ejercer su derecho de réplica en la conferencia matutina. La senadora le avisó a Jesús Ramírez, vocero de la Presidencia, que se presentaría el lunes 12 de junio a las 5:30 a. m. para entrar al salón Tesorería del Palacio Nacional y hacer válido su derecho en la conferencia del presidente.

Acompañada de sus simpatizantes, quienes le gritaban: «¡No estás sola! ¡No estás sola!»,[4] Xóchitl llegó ese día con toda la intención de entrar y encarar a López Obrador.

«¡Presidente, no le saque!», se leía en un cartel que llevaba en las manos. Y aunque logró esquivar las vallas metálicas que rodean Palacio Nacional, entre los microfonazos y las cámaras de la prensa, nadie le abrió.

Mientras que el excanciller Marcelo Ebrard, la exjefa de Gobierno Claudia Sheinbaum y el exsecretario de Gobernación Adán Augusto se preparaban para iniciar sus precampañas por todo el país, ella estaba arrancando la suya frente a las puertas de Palacio Nacional. La imagen recordaba a la del mismo hombre que ese día le cerró las puertas: años atrás, como candidato a la presidencia, dejó de ser escuchado por el gobierno en el poder, pero se quedó acompañado de la gente que lo apoyaba. El nombre de Xóchitl comenzó a viralizarse en redes sociales con *hashtags* como #XóchitlALaMañanera y #YoConXóchitl.

Ese mismo día los «Xóchitlovers», impulsados por la exdiputada del Partido Verde, Alessandra Rojo de la Vega, iniciaron una campaña en la página Change.org[5] para recolectar firmas y pedir que Xóchitl se convirtiera en presidenta del país. En menos de un día se reunieron 41 000 firmas.

En el comunicado que invitaba a las y los ciudadanos a unirse a la petición, se podía leer lo siguiente:

> Muchas personas vemos en Xóchitl Gálvez el carisma y el coraje para ser una candidata competitiva que le gane a Morena y a su juego sucio. Ella puede, porque tiene una trayectoria intachable, es aguerrida y entregada a su labor. Ha trabajado y conquistado cargos donde su participación ha sido testimonio de honestidad y compromiso. Por eso, ayudemos a convencerla e impulsar su candidatura para que tenga la oportunidad de competir y logre ser la primera presidenta de México.

Finalmente el 27 de junio, parada afuera del mismo lugar que le había cerrado las puertas dos semanas atrás, Xóchitl anunciaba su intención de convertirse en la primera presidenta de México. En su cuenta de Twitter, subió un video con el *hashtag* #XóchitlVa, que se convertiría en el lema de campaña. Y las redes estallaron.

«Al cerrarme la puerta, miles de mexicanos me abrieron la suya. Entendí un poderoso mensaje: que la puerta de Palacio Nacional solo se abre de adentro hacia fuera, por eso vamos a abrir esa puerta a millones de mexicanas y mexicanos», dijo Xóchitl. El video alcanzó 7.6 millones de reproducciones en menos de 24 horas. Era el inicio de la *xochitlmanía*.

Desde entonces las y los ciudadanos comenzaron a preguntarse: ¿Quién es la mujer que hizo tambalear al presidente? ¿Cuál es su historia? ¿Por qué se le ha querido desacreditar incluso antes de ser candidata oficial? ¿A qué le tienen miedo? ¿Se trata de una nueva figura mesiánica?

La biografía de Bertha Xóchitl Gálvez Ruiz es quizá una de las más buscadas en los últimos meses. Su nombre acapara tendencias en redes y se roba titulares. La de ella es una figura que está en boca no solo de los actores políticos. Todo el mundo, inmerso o ajeno a la política nacional, quiso saber más, cada detalle de su historia. ¿Es verdad que venía desde abajo?

Muchas voces a su alrededor cuestionan sus raíces indígenas y su historia de trabajo y superación. No les parece real, porque no alcanzan a visualizar que México se integra de todas estas realidades. Este desconocimiento no les permite imaginar que siquiera sea posible el camino que va de la niña que vendió gelatinas junto a su madre en un pueblo de Hidalgo, que se mudó sola a la capital del país para estudiar la universidad y se convirtió en ingeniera, que tuvo la visión para ser empresaria, que fue reconocida internacionalmente por su trabajo y llegó a ser alcaldesa, y luego senadora del país. ¿Su única aspiración?[6] Sacar a su mamá de la pobreza, como ella lo ha dicho.

Quizá no se compran esa historia porque México es un país con una profunda desigualdad social, donde únicamente 24% de las personas[7] puede superar su condición de pobreza; el resto, es decir, 76%, no logrará hacerlo porque las oportunidades no son iguales para todos. Quien vive en zonas urbanizadas tendrá más oportunidades de salir de la línea de la pobreza. Las mujeres también tienen una desventaja en cuanto a movilidad social frente a los hombres. Es decir, los casos de superación personal en nuestro país son pocos. Y en la política, peor aún.

Xóchitl reconoce[8] que para ella fue más larga la distancia que recorrió para salir de su pueblo y llegar a la Ciudad de México que la que representa ahora pasar del Senado a ocupar la silla presidencial en Palacio Nacional.

Otras personas creen que su historia es un ejemplo de atrevimiento y lucha. Una que dejó atrás el *qué dirán* para imponerse a los *no* de la vida. Ella vio, en cada puerta que se le cerró, una oportunidad de abrir otra. La historia de Xóchitl es el recordatorio de que las mujeres en la política mexicana pueden construir su propia historia sin la figura de un hombre detrás. Esas miradas que la ven como una mujer con los pies en la tierra piensan que, si ella llegara a ser candidata a la presidencia de México, sería la única política transparente, humilde y honesta. Otros más cuestionan su experiencia en la administración. En su currículum destacan solo dos cargos como funcionaria pública y su amplia trayectoria en el mundo empresarial.

A Xóchitl le ha funcionado una fórmula: ser ella misma. Aquella mujer sonriente que usa huipiles, dice groserías, se disfraza de dinosaurio y viaja en su bicicleta plegable. Esa que se atreve a confrontar «al machista de Palacio Nacional»,[9] como ella misma lo ha nombrado.

En sus propias palabras, es una mujer que viene de abajo, entrona, que le «chinga» duro en la vida, que está acostumbrada a enfrentar la adversidad y que «factura», como canta Shakira.

A sus colegas y familiares no les extraña que su nombre cause furor. Desde que tienen memoria, Xóchitl ha sido controversial, disruptiva y «malhablada». Una senadora panista alejada de las ideas más conservadoras y tradicionales. Una apartidista. La alcaldesa que vendió su departamento de las Lomas de Chapultepec[10] porque perdió una apuesta: una mujer de palabra. Así es Xóchitl Gálvez. La *outsider* que amenaza la sucesión de la silla presidencial, según uno de los portales de noticias más importantes del mundo, el medio británico *Financial Times*.

1

UN LUGAR LLAMADO TEPATEPEC

L a irrupción de Xóchitl en el diálogo público ayudó a que muchos ubicaran a Tepatepec en el mapa del país.

Esta comunidad se ubica en la cabecera de Francisco I. Madero, uno de los 84 municipios[1] de Hidalgo. «Tepa», como le dicen sus pobladores, está ubicado a menos de una hora de distancia de Pachuca, la capital del estado que vio crecer a Xóchitl y al que alguna vez pensó gobernar.

Quien rastreé los orígenes de la hidalguense debe comenzar en su árbol genealógico. Se sabe que el papá de Xóchitl fue Heladio Gálvez Cruz, un maestro rural originario del Valle del Mezquital, una región con más de 1 000 años de historia de la cultura otomí. Su madre, Bertha Ruiz López, fue una mujer que dedicó toda su vida a las labores domésticas. Los abuelos paternos de Xóchitl y su padre hablaban hñähñu, una de las lenguas variantes del otomí y de las 10 lenguas originarias con más presencia paternos.

Por eso es que Xóchitl defiende sus raíces otomíes y se autonombra indígena. Algunos la critican por eso, ya que señalan que es una mujer blanca, con vida acomodada y, por tanto, no puede serlo. En sus propias palabras, en México «el tema indígena no se define por sangre, se define por identidad propia y yo lo decidí desde hace muchos años». Así lo reconoció en una entrevista con la periodista Gabriela Warkentin[2] el 3 de julio de 2023.

Hasta ahora no hay mejor semblanza sobre su vida que la que narra ella misma. Es su mejor biógrafa y publicista. Una mujer hecha a sí misma en todos los aspectos. Xóchitl nació de pies el 22 de febrero de 1963. Ella cree que llegar así al mundo le trajo buena suerte porque «cayó parada», según cuenta en *Xóchitl Gálvez. Rebelde con causas*,[3] un pódcast que se estrenó en septiembre de 2022 para contar su historia en primera persona:

Hola, qué tal, yo soy Xóchitl Gálvez, soy senadora, aficionada al Cruz Azul, empresaria, mamá; tengo un solo marido; me hubiera gustado tener dos, pero pus no se vale. Todavía son muy conservadores en este país, no es cierto, es broma. Como te darás cuenta, no pronuncio bien la *r*; tengo un problema desde niña que quizá se pudo corregir, pero pus no fue posible para mí [...] Estoy haciendo un pódcast para que me conozcas. Los senadores tenemos muy mala fama [...] piensan que somos huevones, que no hacemos nada, piensan que nos pagan, la gente no entiende qué es eso de que hacemos leyes y, bueno, creo que hay muchas cosas que he hecho, pero que no he sabido comunicar a la gente [...] Acuérdense, soy Xóchitl Gálvez, una senadora entrona.

Para hablar de su trayectoria, entonces, hay que volver de nuevo a Tepatepec. Una comunidad con 11 000[4] habitantes y en donde las mujeres —dice Xóchitl— «solo servíamos para el petate y el metate. En pocas palabras, para tener hijos y servir a los maridos». O eso era lo que le hacían creer y a lo que tuvo que imponerse.

Tepa es una localidad que también se caracteriza por su alto índice de marginación. Un lugar donde se forman maestros rurales, campesinos y braceros. Un pueblo como miles otros en México, abandonado sistemáticamente por los gobiernos y sus planes sexenales, donde las posibilidades para hacer una vida son pocas o casi nulas, y para trabajar y tener una mejor vida se debe salir a una ciudad o abandonar el país como inmigrante.

Xóchitl creció entre esos cerros y suelos áridos que caracterizan al Valle del Mezquital. Desde niña le hicieron creer que su destino ya estaba escrito. «Creciste en Tepatepec y aquí te vas a morir», le dijo su mamá un día.

Pero ella quería otro futuro, deseaba romper con esa condena a toda costa, y lo hizo tiempo después, cuando cumplió 16 años y se fue a buscar su propia suerte en el antiguo Distrito Federal.

Quería estudiar y huir del entorno violento en el que vivía por el alcoholismo de su papá, quien golpeaba a su mamá e imponía las reglas en su casa.

Esta es la parte que Xóchitl quisiera borrar de cualquier biografía de su vida. Ese pasado amargo en donde —recuerda— tenía que subir a aquel árbol de mora que había en el patio de su casa para refugiarse cuando los gritos amenazaban su propio hogar. Su papá, a quien apodaban Guanajuato porque trabajó en aquel estado, formaba parte de la terrible estadística que coloca a Hidalgo como el primer lugar nacional en alcoholismo.[5]

«Lo que yo vi fue brutal. Recuerdo un día a mi padre sacando una escopeta y diciendo que iba a matar a mi madre. Corrimos todos a casa de una tía que vivía al lado. Íbamos gritando: "Tía, tía, ábrele a mi mamá porque mi papá la va a matar"»,[6] contó Xóchitl en una entrevista para la revista *Proceso* en 2010.

En otra entrevista, Xóchitl aceptó que creció con cierto enojo contra su papá por la violencia que vivieron tanto ella como su mamá:

De muy niña me acuerdo de una golpiza que me puso. Era inhumano, ¿no? Pero bueno, era otra cultura, otra forma de ver el mundo. Educabas a los hijos de esa manera, con violencia. Pero hacia ella, mi madre... eso sí me indignaba, me daba mucho coraje. Yo decía: «Que me pegue a mí, no a ella».

Cuando por fin se fue del pueblo, lo hizo cargando un gran dolor por dejar a su madre sola, porque, aunque tenía a sus otros hermanos, ella era su apoyo emocional y físico. Xóchitl le ayudaba mucho en la casa con las tareas domésticas, pero no quería correr con la misma suerte de encontrarse con un hombre en Tepa que, como su padre, fuera borracho y además violento.

Xóchitl soñaba con vivir algo distinto a lo que padecieron su mamá y su abuela, María López; quería poner freno a la inercia social que le negaba soñar con un futuro propio.

Su abuela murió a los 34 años en condiciones precarias. Xóchitl narra que su abuela agonizó durante horas a causa de un parto doloroso, tirada en un petate por falta de apoyos y servicios médicos en su localidad. Un problema que nunca ha sido erradicado del país.

María no tuvo tiempo de plantearse cuál era su misión en esta vida, si realmente quería casarse o tener hijos. Por eso es que su muerte hizo que Xóchitl imaginara otro mundo. Uno fuera de Tepatepec, ese lugar donde estaba destinada a parir y morir. Un poblado en el que parecía que las mujeres de su familia cargaban con una herencia maldita.

De aquellos días en Hidalgo, sin embargo, también hay memorias felices. Junto con sus hermanos Eréndira, Héctor Tonatiuh, Jaime Xicoténcatl y Jaqueline Malinali, Xóchitl jugaba, cortaba garambullos, trepaba cerros y nadaba en los canales de aguas negras de Tepa.

Ella dice que, como los dedos de una mano, cada uno de sus hermanos son diferentes entre sí. Así como ella, casi todos se fueron de casa y buscaron suerte en el Distrito Federal. Su hermano Héctor[7] trabajó en una fábrica de plásticos y puso un taller mecánico en Pantitlán; Xicoténcatl estudió en el Colegio Militar y se convirtió en teniente coronel. Malinali no terminó sus estudios y se casó con un taxista. Desde 2012 está presa en el penal de Santa Martha Acatitla, en espera de una sentencia; se le acusa de estar ligada a una banda de secuestradores. Eréndira fue la única que siguió los pasos de su padre: es maestra en Tepa.

———

Cuando era niña no lo tenía claro: no sabía cómo ni en qué momento escaparía de Tepa, pero siempre la persiguió ese anhelo. La realidad es que tampoco disponía de mucho tiempo para pensarlo. En las mañanas iba a la primaria y por las tardes regresaba a su casa a ayudar a su mamá, quien se dedicaba al trabajo doméstico y además hacía pasteles y galletas, entre otras cosas, para apoyar con los gastos del hogar. Entre las dos vendían gelatinas, lo cual la ayudó a salir adelante; una anécdota constante en sus entrevistas, y que se le cuestiona mucho.

¿Y cómo una niña que creció en un entorno tan violento logró superar ese pasado?

Creo que en mí hubo[8] una gran inquietud, una gran autoestima. Se me desarrolló por varias razones: mostré pronto mis habilidades para vender, fui muy carismática de niña, le caía bien a la gente. Tenía una memoria extraordinaria y entonces declamaba, me aprendía poesías grandes, la gente me preguntaba cosas. Eso te va llenando, te va fortaleciendo.

La senadora priista Nuvia Mayorga Delgado compartió su infancia con Xóchitl, porque también es originaria de Tepa. Creció con la familia Gálvez Ruiz, ya que sus padres eran amigos de toda la vida.

Curiosamente, la vida de las dos ha estado entrelazada desde niñas. ¿Cómo fue que pasaron de jugar juntas a la comidita y a las escondidas en el patio de la casa de Xóchitl a compartir un escaño en el Senado de la República?

Sentada en el sillón de su oficina en el Senado, Nuvia recuerda que el Tepa en donde crecieron era una localidad de terracería. Las hermanas Mayorga y los Gálvez Ruiz pasaban horas y horas jugando entre los árboles de mezquite hasta muy noche. ¿Veían televisión? No, porque el voltaje de la luz en su localidad era tan bajo que si prendían la tele se bajaba la luz del foco. Más bien crecieron escuchando las radionovelas que sonaban en las casas de las y los vecinos. Recreando todas esas escenas de amor y otros mundos en su cabeza.

A Nuvia no solo le tocó ver cómo Xóchitl ayudaba a la tía Manuela y a su mamá Bertha en la vendimia, o cómo el alcoholismo del papá de Xóchitl prendía las alertas en su casa, también vio cómo iniciaba sus primeros pasos en la política al lado de su papá, Óscar Mayorga Pérez, presidente municipal de Francisco I. Madero, Hidalgo, entre 1979 y 1981.

En una entrevista que mantuve con Nuvia me comentó:

—El papá de Xóchitl apoyó mucho a mi papá cuando fue su campaña de gobierno, y Xóchitl se metía mucho. Yo creo que en ese entonces tenía como 15 o 16 años. Acompañó a mi papá a las comunidades de todo el municipio. Y ayudó a mi mamá, Priscila Delgado, que en ese entonces era titular del DIF municipal, a organizar cursos y bailes en el pueblo. Hablaba en público y le gustaba meterse en los mítines. Yo creo que ella ya traía en la sangre el ayudar [...] Siempre fue inquieta, luchona y aspiracionista. Mis papás la valoran y quieren mucho.

—¿Es cierto que la familia de Xóchitl era de bajos recursos?

—Sí. La casa donde vivían era de la tía Manuela y de la mamá de Xóchitl. Una casa de adobe en donde Xóchitl dormía con todos sus hermanos en un solo cuarto, los papás en otro cuartito y en otro la tía Manuela. También había una cocina y un baño donde colgaba una cortina de plástico porque no tenían puerta ni piso. En aquella época muchas casas estaban así, en obra negra. Creo que era todo lo que tenían. Dos, tres recámaras y punto.

Aunque de niñas eran muy cercanas, sus caminos se separaron cuando Xóchitl se fue a estudiar una ingeniería al Distrito Federal, y Nuvia, Contaduría a Pachuca. Pero se volvieron a cruzar por un breve tiempo cuando Xóchitl fue nombrada directora general de la Comisión Nacional para el Desarrollo de los Pueblos Indígenas (CNDI) durante el sexenio de Vicente Fox (2000-2006) y Nuvia era la secretaria de Finanzas en Hidalgo, durante el gobierno de Miguel Ángel Osorio Chong (2005-2011).

Ahí nos tocó trabajar de la mano para apoyar a las comunidades indígenas en Hidalgo. De joven yo me identifiqué con ella en muchas causas. Pero casualmente teníamos diferente ideología política, ella siempre fue más bien apartidista y yo siempre me identifiqué con el PRI, hasta hace poco que decidí renunciar al partido.

Nuvia también llegó a ser directora general de la CNDI entre 2013 y 2018, durante el sexenio de Enrique Peña Nieto. Hasta en eso coincidieron. Los caminos fuera de Tepa las llevaron a los mismos lugares. Finalmente, se reencontraron en el Senado de la República, ambas integrantes de la Comisión de Asuntos Indígenas, donde Xóchitl sigue siendo presidenta.

—¿Hay gente en Tepa que critica a Xóchitl?

—Es difícil. Francisco I. Madero es un municipio donde muchos gobiernos les han quedado mal a sus pobladores. Son mucho de izquierdas. Casi no quieren a los políticos. En Tepa se critica mucho a quien sale adelante. Y por algunos comentarios que he escuchado de la misma familia Gálvez, muchos no estaban de acuerdo con Xóchitl por su forma de pensar o por celos.

—¿Votarás por ella si llega a ser la candidata oficial de la oposición?

—Ahorita no quiero dar ninguna opinión, pero sí tiene la capacidad para ser presidenta del país. De que conoce la administración pública, la conoce.

Parecería una historia imposible, pero Xóchitl Gálvez llegó sin nada a la capital del país, proveniente de un pueblo en donde trabajaba lado a lado con su madre vendiendo gelatinas para vivir, y llegó a ser senadora de la República.

Según ha contado ella misma, el negocio de las gelatinas resultó ser un éxito; pasaron de vender 30 todos los días a 600.[9] Esto gracias a que su tío Alberto, o Beto, dejó que empezaran a comercializarlas en su tienda, una de las pocas que había en Tepatepec, una comunidad donde 10% de sus habitantes no tiene televisión, 13% no cuenta con refrigerador y 46% no tiene automóvil.

Pero vender gelatinas no es lo único que Xóchitl hizo para solventar sus estudios. También aprendió a coser con su tía Manuela y en el taller de corte y confección de su secundaria. Así elaboró sus primeros uniformes de la escuela para venderlos entre sus compañeros y ganar un dinero extra que la ayudara con sus gastos. Siempre dispuesta a hacer un poco más después de clases.

Cultivó su mente emprendedora desde niña y en parte también por su familia.

Un aspecto de ese pasado familiar salió a la luz hace poco gracias a que el presidente López Obrador se burló de ella por —supuestamente— vender una imagen falsa para conectar con el pueblo. «No se puede ya, a estas alturas, quererle jugar el dedo en la boca a la gente, o sea, ¿cómo? A ver: me subo a una bicicleta o llego en un triciclo: "¡Tamales, tamales, ricos tamales!", y ya, ¿no? O digo unas groserías»,[10] comentó el mandatario entre risas el 7 de julio de 2023 en su conferencia matutina.

Como respuesta, Xóchitl Gálvez subió una foto a sus redes sociales portando un delantal con el lema «TAMALES. Xóchitl Va», y con el siguiente texto:

> Lo hice en mi niñez con la tía Manuela y no tendría problema en volver a hacerlo. Es una forma honesta de ganarse la vida y mucho mejor que dar atole con el dedo todas las mañanas.

A Xóchitl parece no importarle que se pongan en duda los sacrificios que ella y su familia atravesaron para progresar. «Cuando las críticas no son fundadas, te deben valer madres»,[11] ha dicho ya en varias entrevistas.

La suya no es una historia nueva, tanto porque ha sido contada y documentada desde años atrás como porque salir del lugar de origen en México en busca de otras oportunidades de vida es una acción muy extendida desde hace años.

Si bien su familia no le dejó bienes ni le dio una vida de lujos, su mayor herencia —dice Xóchitl— fue la cultura del trabajo. Gracias a ello pudo comprarse sus libros y útiles para la escuela. Y aunque pudo seguir viviendo de sus gelatinas en Tepatepec o cualquier otro negocio de la familia Gálvez o Ruiz, sabía que ese no era el camino que quería seguir.

Su hermano Xicoténcatl y ella obtuvieron una beca para ir a estudiar a la secundaria David Noble, en el municipio de Mixquiahuala de Juárez, ubicado a unos 14 km de Tepatepec, a alrededor de media hora de su casa, algo que desde el inicio no agradó a su mamá. «Cómo vas a ir a la secundaria, quién va a vender las gelatinas»,[12] me decía. Y yo pensé: «Pues mis hermanos, ¿por qué siempre tenía que ser yo?».

Durante esa época tuvo la oportunidad de visitar el entonces Distrito Federal; un mundo nuevo se abrió frente a sus ojos. A los 15 años visitó Chapultepec, el Museo Nacional de Antropología y Ciudad Universitaria. Ahí se le metió la espinita de que ella también podía estudiar la universidad algún día, algo que ni siquiera había imaginado, pero a lo que se aferraba siempre.

Nos hospedamos en un hotel junto al cine Real
Cinema. Fue la primera vez que vi una alfombra,
un elevador al que no me quería subir, una taza
de baño que no sabía cómo usar y una regadera de
donde salía agua caliente. Creo que eso me hizo soñar. Regresé a Tepatepec para estudiar la secundaria. Pero no. «¡Cuál secundaria ni qué la chingada,
ahí está el metate!», me gritó mi padre, pero yo fui
más terca.

Cursar la secundaria y preparatoria en Mixquiahuala fue un hito para ella. No solo porque
fue en la adolescencia cuando se atrevió a imaginar ese otro mundo fuera de Tepatepec, también
porque empezó a formarse como lectora y a con-
cientizarse de las injusticias que se vivían en su
propia comunidad.

Cuando leyó *La muerte tiene permiso*,[13] de
Edmundo Valadés, un libro que narra la historia
de San Juan de las Manzanas —una comunidad
asolada por el miedo y la injusticia de las autoridades—, entendió lo que significaba la palabra *cacicazgo*, porque así vivió en su propia localidad, bajo
el control de Felipe Contreras, un líder campe-
sino que durante cuatro décadas estuvo al frente
de las decisiones de los tepatecos y las tepatecas.

En los orígenes de Xóchitl está el haber crecido en un pueblo reacio que venció el cacicazgo y logró votar para elegir a su primer gobernante a través de un proceso democrático. A finales de los setenta un movimiento de pobladores en Tepatepec logró quitarle el control a ese cacique, después de que intentara tomar una escuela normal, como documentó el periódico *La Jornada* en el año 2000.[14] Y es que en Tepa, «el pueblo es bien pacífico, pero que no lo provoquen, porque responde», narraban los tepatecos que ya habían logrado correr al sacerdote Donato Morelos por robarse el oro de su iglesia.

Desde aquellos años comenzaría a formarse la veta rebelde en la joven y esta se sumó a su carácter aguerrido y trabajador.

Tal vez hasta ese momento no le había pasado por la cabeza que las mujeres también podían gobernar, o al menos no hasta que llegó a sus manos un libro sobre las mujeres de la República Democrática Alemana (RDA), gracias a que se lo regaló su profesor de secundaria, Alfredo Ramírez, quien además era miembro del Partido Comunista Mexicano (PCM). «Era una esponja. Empecé a leer sobre la lucha de clases, de la Revolución como una manera de acabar con los tiranos, ¿no? Mi maestro me soltaba más libros; de Marx, de

Lenin».[15] Sin saberlo, esas serían sus primeras lecciones de política y justicia social.

Con todos esos libros que devoró, la joven Xóchitl «escupió» sus primeros discursos políticos contra el cacique de su pueblo. Se unió a los mítines que se organizaban. «Les decía que la voz de los pueblos debía ser escuchada y hacía referencia a todas las promesas que nos habían pasado por el pueblo, y que todo seguía igual».

———

La idea de convertirse en ingeniera comenzó a gestarse cuando empezó a trabajar en la presidencia municipal de Tepatepec, al mismo tiempo que estudiaba la preparatoria.

Gracias a su buena ortografía, consiguió trabajo como escribiente en el Registro Civil y después fue la encargada del despacho. Ahí le tocaba llenar actas de nacimiento y de matrimonio a mano; estuvo a cargo de casar a mucha gente del pueblo. Fue su primer empleo formal.

En esos días llegó a su mesa Miguel Ángel, el hijo de su primera maestra en Tepa. Un joven «guapo» que desde el inicio atrajo la atención de Xóchitl. Miguel le contó que estaba estudiando

la licenciatura en Informática, en el Instituto Politécnico Nacional (IPN). Cuando le preguntó a
Xóchitl qué quería estudiar, ella le contestó casi
sin pensar que Ingeniería en Computación. Hasta
ese momento solo había visto un folleto sobre esa
carrera. «Nunca había estado frente a una compu-
tadora, pero me parecía un futuro chingón», recuerda. «Cuando les contaba a los demás que
quería ir a la universidad, me decían: "Estás loca,
mejor estudia para maestra rural", y les dije: "No.
Yo quiero ser ingeniera"».

Miguel fue quien le envió la convocatoria de
admisión de la Universidad Nacional Autónoma
de México (UNAM) a fin de que Xóchitl aplicara
para el examen. No lo pensó más, pagó su pasaje
y viajó al entonces Distrito Federal a sacar su fi-
cha. Después presentó su examen para ingresar a
la Facultad de Ingeniería.

Cuando le contó a su familia lo que había hecho,
el papá de Xóchitl le dijo: «Ahí está el metate»,
refiriéndose al lugar que, según él, como mujer, le
correspondía.[16] Xóchitl lo recuerda muy bien.

Algunos meses después llegó la llamada que cambiaría su vida. Un día, mientras trabajaba en la
oficina del Registro Civil de Tepa, Miguel la llamó
para darle la noticia:

—¡Xóchitl, te quedaste en la UNAM!

«Ese fue —cuenta ella— el día más feliz de mi vida. Yo corría, brincaba, decía: "¡Yuju, sí se pudo!". La felicidad me duró como una hora. [En la casa] mi mamá me preguntaba: "¿Qué te pasa?", y yo le decía: "Luego te cuento"».

Nunca volvió a gritar ni a emocionarse tanto como aquel día.

Era el inicio de una nueva etapa en su vida.

Al fin iba a irse de Tepa, dejaría de redactar actas para escribir la historia de éxito que la llevó a querer gobernar su país. Aunque todavía no sabía lo que le esperaba al llegar al monstruo citadino.

2

LAS FAMOSAS GELATINAS

«Xóchitl tiene un mundo de detalles», me dijo en una entrevista Vicente Ruiz, su primo. Uno de esos detalles está en la historia de las famosas gelatinas, una anécdota que su familia está cansada de escuchar en las noticias por el morbo que causa.

La casa de Vicente se encuentra en la calle Rosales, en Tepatepec. Frente a la de él está la antigua casa de Xóchitl, que hace esquina con Emilio Carranza. A menos de 400 m se encuentra el palacio municipal, donde Xóchitl consiguió su primer trabajo formal. Y a una cuadra de ahí está la casa de los Mayorga, la familia que la empleó y conoció desde niña.

Además de su antigua casa en Tepa, no hay ningún rastro visible de ella.

En las calles se ven algunas bardas pintadas con la publicidad de Morena. «#EsClaudia», se lee. En otras paredes se lee la frase «En Hidalgo estamos Augusto». Los eslóganes hacen referencia a Claudia Sheinbaum y Adán Augusto, respectivamente, dos de las «corcholatas» de Andrés Manuel López Obrador.

La única señal que hay de Xóchitl es la estampa con la letra X y el corazón que está pegada en el vidrio trasero del automóvil de uno de los sobrinos de la aspirante a candidata. No hay otros espectaculares o anuncios en la calle.

En donde sí se promociona la imagen de la aspirante es en la página oficial de Tepatepec: un blog informativo con la historia del municipio, sus localidades, tradiciones y la rica gastronomía hidalguense, como el pulque, las famosas gorditas de pancita o la barbacoa.

Entre esas entradas destacan ahora varias fotos de Xóchitl donde la presentan como la candidata de la oposición para las elecciones de 2024. «Bienvenida, Xóchitl Gálvez», se lee en una nota, acompañada de una pequeña biografía.

Quizá esta falta de publicidad en su propio estado se deba a que ella misma ha dicho que no gastará millones de pesos en anuncios, algo que sí han hecho las famosas «corcholatas» con sus espectaculares. La única publicidad que tiene —refiere— «es el espectacular apoyo de la gente».

Quien viaje a Tepa se dará cuenta de que ahí se hablan maravillas de ella, aunque también hay quienes le niegan su apoyo por completo. Todo esto es parte de la polarización en la que está envuelta su figura. Pero si alguien conoce su historia es su familia. Xóchitl tiene primos, sobrinos y ahijados que están repartidos en ese pueblo que dejó y al que vuelve cada Navidad y Día de Muertos.

Sentado en su estudio, Vicente Ruiz saca una cajita de cartón roja en la que atesora las fotografías de la familia. En ese pequeño espacio se encontraba parte del rompecabezas de la vida de Xóchitl. «Mira. Acércate. Es esta foto. Sí, sí es esta», me dice. En la imagen se ve el pasillo de la casa de Xóchitl decorado con plantas de todos los tamaños.

En aquel corredor —me cuenta— dejaban las gelatinas todas las noches. Como no había refri en su casa, las ponían ahí para que se cuajaran con el sereno. «Yo lo vi. Viví catorce años en la misma casa que ella. Sí, su mamá y ella las cocinaban. Las iban a dejar a la tienda de mi tío Beto y ahí se vendían. No, ella no está inventando nada».

No es que Xóchitl y su mamá fueran de casa en casa vendiéndolas. O que se pararan en la calle a ofrecerlas. No. En la historia de la familia Ruiz es bien sabido que la tía Bertha tenía una sazón envidiable. «Hasta un taco de huevo con chile te sabía rico», comenta Liliana, otra de sus primas. Ella hacía gelatinas, galletas, mole o tamales junto a la tía Manuela.

De aquellos días hay una escena que siempre recuerda. Cada noche su mamá y ella ponían a hervir agua en una olla de peltre para deshacer la grenetina en la lumbre de leña. El proceso era lento y laborioso. A su papá le molestaba el ruido que hacían al revolver la olla con la cuchara, también de peltre. «Ya dejen sus chingadas gelatinas, ni que se fueran a comprar una casa en las Lomas»,[1] les reclamaba molesto.

Ni ella ni su familia imaginaban en aquel entonces que la niña Xóchitl lograría tener su casa en las Lomas de Chapultepec, casi 30 años después, y que terminarían viviendo con ella por un tiempo en esa zona donde han vivido decenas de famosos y políticos. Y no solo eso, también llegaría a gobernar la alcaldía donde se ubica esa colonia.

———

La tía Manuela estuvo muy involucrada en la formación de Xóchitl. «Eran muy unidas —dice Vicente—. Xóchitl sabe hacer vestidos, ¿eh? Aquí tengo la máquina con la que la tía le enseñó a coser». Aprendió de todo gracias a ella. La familia Ruiz recuerda con cariño a la tía, a quien Xóchitl vio hasta el último de sus días.

El primo de Xóchitl no solo conserva las fotos familiares; también los papeles y las copias fotostáticas con los que ha tejido la genealogía de la familia materna de Xóchitl. Entre esos documentos se encuentra la nota de compra de una trilladora que adquirió Gabriel Ruiz, su abuelo, en 1941; la primera que hubo en Tepa. Colgada en la pared también está la foto en blanco y negro de la máquina; el abuelo aparece montado en la trilladora.

¿Su abuelo era rico? Él siempre buscó superarse, dice Vicente. Y saca otra foto. En ella están parados seis hombres. Sobresale uno, el abuelo de Xóchitl. A diferencia de los demás que llevan sombrero de paja y huaraches, Gabriel Ruiz trae uno de lana y usa pantalón de vestir y zapatos.

«Te digo, la idea de los abuelos siempre fue progresar. Ellos llegaron aquí humildes, por ahí de 1908, pero fueron saliendo adelante poco a poco, a costa del trabajo en el campo». Cuando terminaba la temporada de trilla en Tepa, el abuelo se

iba a la Ciudad de México a comprar rollos de
tela para hacer ropa y venderla.

La casa donde vivió Xóchitl fue herencia de esos
años de esfuerzo del abuelo Gabriel Ruiz, quien
la fue construyendo con el paso de los años. Uno
de los cuartos de esa casa anaranjada fue el que
quedó para Bertha Ruiz, la mamá de Xóchitl. Ahí
era donde dormían todos los hermanos Gálvez
Ruiz y compartían el resto de la casa con la tía
Manuela.

El coraje de la familia Ruiz era que el papá
de Xóchitl, Heladio o Lalo, nunca construyó ni le
metió más a su casa, a pesar de que era profesor.
¿Tenía recursos para hacerlo? Sí, señala Vicente.
Muchas personas en aquel tiempo no llegaban a
tener un sueldo, pues apenas terminaban la primaria. Pero él se dedicó a la borrachera. Luego
continúa:

> Si el tío Lalo vivió más tiempo, fue gracias a ella,
> porque se los llevó a vivir a su casa en México cuan-
> do tuvo recursos para hacerlo. Siempre procuró a sus
> papás y a la tía Manuela, a quien también cuidó has-
> ta que murió debido a complicaciones de la diabetes.

Otro detalle que Vicente aclara es que Xóchitl
no vivió en Dengantzha ni estudió ahí, como se

ha contado en algunas de sus biografías. No. Ella solo iba a esta localidad, ubicada a tan solo 5 km de Tepa, a repartir juguetes a los niños en Navidad y Día de Reyes.

Del lado de la familia Gálvez, la anécdota que recuerda uno de sus primos —que prefiere no identificarse— es que el tío Camilo Gálvez, hermano del papá de Xóchitl, era quien les daba un *ride* a ella y a otros primos para llevarlos a la escuela, en el municipio Mixquiahuala de Juárez. Además, refiere que el tío Lalo tenía problemas con el alcohol y que a veces se ponía violento.

En la familia Ruiz recuerdan que el sentido de altruismo siempre estuvo latente. En los últimos días de julio, un mes después de que se destapara como aspirante, comenzó a llegar gente del pueblo a la casa de Vicente Ruiz para preguntar por ella.

—¿Qué le dicen, Vicente?

—Hay de todo. Vienen a pedir ayuda, porque están enfermos y quieren que Xóchitl los ayude. O que los apoye a conseguir trabajo. El otro día trajeron una escultura de piedra. La gente la quiere. Se acuerdan de que ayudó a muchas personas. No sé si lo ha contado, pero una vez dejó que una familia de la sierra de Oaxaca se quedara a vivir con ella en su departamento en las Lomas. Así es ella.

———

A unas cuadras de la casa de Vicente me recibieron Juan Carlos y Jorge Ruiz, sobrinos de Xóchitl. Me enseñan una foto que tienen con ella, durante una visita reciente que hizo su tía en Pachuca, como parte de su gira de precampaña. «Mira, aquí estamos todos con ella, estamos muy emocionados, porque, para que vuelva a pasar algo así en la familia, es difícil», comenta Juan Carlos, de 40 años.

—¿Qué recuerdo tienes de tu tía? —le pregunto.

—Fácil. Cuando éramos niños nos llevaba con ella a repartir los regalos de Día de Reyes en Dengantzha. Íbamos en los coches con todo y los juguetes. Nuestro pago como niños era precisamente tener un juguete al final del día.

—¿Y de su papá, el tío Heladio?

—Poco. Sí sabía que tomaba, como muchos señores de la época que se echaban su cerveza o pulque los fines de semana. Pero de si era violento, eso no sé. Ahora sí que cada uno sabe el bulto que carga. Solo mi tía sabe lo que vivió con él.

En otra de las casas de la familia Ruiz, cerca del mercado, visito a Liliana Ruiz, otra de las primas de Xóchitl. Ella y su mamá, Bertha Navarro, cuentan que Xóchitl, junto con todos sus primos, creció en la casa de los abuelos, entre juegos y árboles de moras, granadas, higos, chabacanos y garambullos.

Ambas prefieren que no les pregunte sobre la historia de las gelatinas. «Esa ya es historia pasada. Xóchitl es más que eso», señalan.

Liliana recuerda que la tía Bertha hacía mermelada de trigo y que la tía Manuela siempre acogió a todos los primos.

Quitando todo lo malo, como las carencias que vivió o la violencia por parte de su papá, tuvimos una infancia muy feliz. Ella siempre fue muy altruista. Recuerdo que en uno de mis cumpleaños me hizo un pastel y se le olvidó ponerle royal... quedó todo desinflado. Pero ella era así, siempre veía por todos nosotros.

Antes de salir de la casa de Vicente me reitera: «Hay un montonal de detalles que la gente no sabe».

3
UNA REBELDE CON CAUSA

Aparentemente, lo más difícil ya lo había logrado: entrar a la Facultad de Ingeniería de la UNAM, una de las facultades con menor índice de matrícula femenil.

Pero no fue así. Ahora vendría el reto más grande: sobrevivir a la «gran ciudad».

Como había dejado su trabajo en Tepa, Xóchitl no tenía recursos para moverse en el Distrito Federal. Y sus papás no podían ni imaginar mantenerla mientras estudiaba, porque apenas les alcanzaba para mantener a sus otros cuatro hermanos.

Nuevamente, la dificultad se presentó y, más que achicarse ante las circunstancias, Xóchitl en-

seguida decidió que tendría que dividir su jornada entre el trabajo y el estudio. Así que consiguió
trabajo como telefonista.[1] Pero no todo le fue tan
sencillo: al principio no querían darle el empleo
por su forma de hablar. También era común que
la discriminaran por su aspecto. Ella cuenta sin
pena que antes, en Tepa, no se bañaba a diario,
sino cada ocho días. En su pueblo no lo hacía porque tenían problemas de agua y, después de llegar a la ciudad, no se le quitó esa costumbre sino
hasta después de un tiempo.

La ayuda se materializó cuando Selene, una
maestra rural de Tepa, le consiguió un cuarto
de azotea por el que pagaba 300 pesos de renta,
ubicado en Iztapalapa. Diario se levantaba a las
cinco de la mañana para ir a trabajar como telefonista en la avenida Benjamín Franklin, en la
colonia Condesa. Después se iba a Ciudad Universitaria (CU) y regresaba a Iztapalapa hasta las
11 de la noche.

Esa fue su rutina durante varios meses.

No la pasó nada bien. Estuvo a punto de renunciar a su futuro como ingeniera. El Distrito
Federal era un mundo aterrador para una joven
que creció entre mezquites y cerros.

La ciudad también le mostró su rostro más cruel
para las mujeres: el acoso sexual.

Mi madre me había dicho que si un hombre me tocaba, yo iba a quedar embarazada. Con esa educación sexual tan distorsionada me enfrenté a la mecánica violenta con que los hombres abusan de las mujeres en el Metro.[2]

En aquel extraño «gusano naranja» la manosearon y la «tortearon». Las paredes del Metro también fueron testigo de las primeras veces que Xóchitl lloró frente a tanta gente, preguntándose si realmente debía estar ahí o si mejor se regresaba a Tepa.

Pero volver no estaba en sus planes.

No podía darle el gusto a su papá de verla fracasar, como él le dijo que pasaría si se iba de su casa.

En la UNAM también se topó con pared. En Tepa era una alumna destacada, de dieces y reconocimientos. Pero en la Facultad de Ingeniería el nivel educativo era más alto de lo que había aprendido en las escuelas de Hidalgo. Para su sorpresa, la mayoría de sus libros de computación estaba en inglés.[3]

En los primeros semestres de la carrera reprobó Cálculo Integral y Diferencial. Se tenía que medir con jóvenes que venían de las prepas de la UNAM, del Tecnológico de Monterrey o de La Salle. No le quedó de otra más que comprar un diccionario para traducir lo que decían sus libros y aprender el idioma sobre la marcha.

En aquellos días, una compañera suya le aconsejó que concursara por una beca en el Centro de Cálculo de la Facultad de Ingeniería para que dejara su trabajo como telefonista.

Durante tres meses estuvo aplicando distintas pruebas hasta que logró obtener la beca. Con eso, le daban 2 500 pesos. Era menos de lo que recibía como telefonista. Pero no le importó, dejó su trabajo en la colonia Condesa porque sabía que ganaría más en experiencia y conocimientos si se dedicaba de lleno al estudio.

La recompensa llegó un año después. Cuando cursaba el quinto semestre de la carrera consiguió su primer empleo como programadora en el Instituto Nacional de Estadística y Geografía (INEGI). Su primera tarea fue colaborar en uno de los censos de población y vivienda. De tener 2 500 pesos mensuales con la beca, pasó a ganar 50 000 pesos con este nuevo trabajo, según cuenta.[4]

Eso le permitió mudarse a la colonia Roma, a una casa de asistencia para mujeres. Pero de nuevo la ciudad siguió mostrándole los escenarios más adversos para las mujeres que habitan en ella. Durante esa época estuvo a punto de caer en una red de trata de personas.

Cierto día una de sus conocidas la invitó a bailar a una discoteca al sur de la ciudad. En ese lugar les presentaron a ella y a su amiga a unos hombres mayores que querían forzarlas a ir con ellos a un hotel. «Dijimos: "Ni maíz,[5] y si me obligas voy a hablarle a la policía", y ya con eso nos dejaron en paz. Y es que, estando sola aquí, sin mi familia, tuve que aprender a defenderme».

Así fue como ideó sus propios métodos de autodefensa. Siempre cargaba con un cautín con el que soldaba en sus clases, dispuesta a sacar el filo si alguien intentaba manosearla o si se sentía amenazada.

Ahora sabe que esas experiencias la hicieron dura, rebelde y fuerte.

Aprendió a sacar los colmillos.

———

Aguerrida y desobediente, con algunas lecturas marxistas a cuestas, hechas en sus años adolescentes en Tepa, no era de extrañar que durante esa época Xóchitl se uniera a Liga Obrera Marxista (LOM). Esta fue una de las agrupaciones universitarias y trotskistas que después se integraría a la fundación del Partido Revolucionario de los

Trabajadores (PRT), el cual estaba liderado por la activista Rosario Ibarra de Piedra, la primera mujer en postularse a la presidencia de la República en el país en 1982.

De aquel tiempo, Xóchitl solo recuerda el desencanto que le causó esa izquierda que —en sus palabras— terminó vendiéndose al poder. «En la huelga del 83 nos dimos cuenta de que el sindicato traicionó a la célula de Ingeniería y no nos apoyó, pesaron más los intereses de unos cuantos», cuenta.

Hay muchos trotskistas que ahora dicen que no me conocen. Yo les digo: «Pues claro que no, porque a mí me ponían a limpiar las oficinas de la LOM y a vender el periódico». Yo no era de la cúpula trotskista, como sí lo era Rosario Ibarra, por ejemplo. Estuve con ellos como un año y medio, me fui desencantada.[6]

¿Y qué buscaba Xóchitl en su juventud con todo ese conocimiento? Justicia social, según ha contado.

Que se redujera la desigualdad que no les permitía a otras personas soñar con un futuro mejor, como ella lo hizo. Que hubiera oportunidades para los que no tienen nada. Quería un mundo en el que cupieran todos y que tuvieran los mismos derechos.

«Cuando unos años después mis amigos trotskistas me vieron como empresaria, me empezaron a decir que yo era una pequeña burguesa, y yo les decía: "Pero, cabrón, yo estoy creando empleos"», dijo en una entrevista con el periodista Nacho Lozano.[7]

En la Facultad de Ingeniería no solo participó en esas asambleas estudiantiles de izquierda donde se discutía sobre el marxismo, también jugó futbol en los campeonatos universitarios, aunque por sus venas no corría la sangre «azul y oro», como la de sus compañeras y compañeros. Su corazón fue «celeste» desde niña.

Que una mujer jugara futbol en ese tiempo era insólito. Pero no para ella, la oveja negra de su familia y de la política.

En aquellos años las alumnas de la UNAM se empezaban a abrir paso en las canchas y organizaban campeonatos femeniles y mixtos entre las facultades. «Las de Medicina decían que nosotras éramos muy entronas, muy rudas. En la universidad decían que había tres tipos de muchachas: las bonitas, las feas y las de Ingeniería, porque éramos las rudas», contó Xóchitl en una entrevista con la periodista Pamela Cerdeira.[8]

Xóchitl logró salvarse del metate y del petate, pero no de casarse. «Lo único que hice en mi vida para dejar contentos a los demás fue casarme. A partir de ahí hice lo que se me pegó la gana», dijo en una entrevista con la periodista Adela Micha en junio de 2023. Y por casarse se refiere a que a los 24 años comenzó a compartir su vida con un hombre, porque Xóchitl y Rubén Sánchez Manzo nunca pisaron el altar ni firmaron ningún acta de matrimonio.

El único documento legal que los une es el que firmaron para estar en una sociedad de convivencia, una figura jurídica que existe en la Ciudad de México, con la que se reconocen los derechos y obligaciones entre dos personas que no estén unidas en matrimonio, en concubinato o de otra manera.

Ambos se encontraron en sus años como estudiantes universitarios; ella estudiaba Ingeniería en Computación en la UNAM, y él Ingeniería Química en el Instituto Politécnico Nacional (IPN).

Xóchitl narra que se conocieron durante una charla que dio sobre edificios inteligentes y tecnología de punta. Rubén se acercó al final de la charla hacia ella para felicitarla y reconocerla. «Él dice que yo le parecí una mujer muy fregona y dijo: "Yo me quiero casar con una mujer así", y el güey se casó conmigo».

Pero antes de que Xóchitl diera el «sí» para salir con él, ella le preguntó que si le invitaba un buñuelo en su primera cita.

> Él dijo que me invitaba a dar una vuelta al jardín. Se me hizo muy romántico que un hombre en ese tiempo te invitara a dar una vuelta al jardín... como en mi pueblo. Empezamos a ser amigos, luego novios como un año, y nos casamos.[9]

A Xóchitl la educaron para servir a los hombres, así como lo hizo su abuela, su mamá y las mujeres de Tepa. Pero ella tenía claro que si decidía compartir su vida con alguien no sería para lo mismo.

Desde el inicio acordaron que vivirían en igualdad de condiciones, que ambos aportarían lo mismo en la casa. No hubo misa, pero sí una ceremonia entre los dos para sellar ese pacto.

Después llegaron los hijos: Diana y Juan Pablo. De esta manera la vida familiar se afianzó y su pacto de vivir de forma equitativa en todos los aspectos se mantuvo. Fue así como también los trabajos domésticos y de cuidado los realizaban tanto él como ella: «Sí, soy mamá y me di el derecho de decirle a Rubén que a veces no podía, que estaba cansada, que tendría que ser él quien se encargara del hogar».

La igualdad para Xóchitl siempre fue un valor que se trabajaba desde las acciones más cotidianas.

En algún momento, cuando a Rubén le comenzó a ir mejor en su trabajo y empezó a ganar más, él le dijo que podía mantenerla, que se saliera de trabajar para que se dedicara a cuidar de sus dos hijos.

«¿Dónde me conociste? Me conociste estudiando ingeniería y eso es lo que quiero hacer, no me conociste en el supermercado»,[10] le respondió Xóchitl.

Su determinación siempre fue así de clara.

Aunque Rubén siempre la ha apoyado, también es quien le ha reclamado pasar más tiempo en casa con la familia. Cuando trabajó en el gabinete de Vicente Fox solo regresaba a casa a dormir y lo hacía poco, porque salía desde las 5 a. m. y llegaba hasta las 11 p. m. Su marido le decía que parecía una momia viviente. «Es tal el cansancio que tengo que pensar cómo guardar energías para ellos también. Pero cuando me lo cuestiono, pienso en los hermanos rarámuris».[11]

Xóchitl tiene una escena siempre presente cuando la vence el cansancio y piensa en volver a casa. Recuerda que en uno de sus recorridos por la Sierra Tarahumara, vio cómo una mujer con sus cinco hijos sacó una bolsa de pinole y la diluyó en agua para dárselas a todos. Ella solo le dio un traguito al final. Ese sorbito compartido de pinole en agua era la única comida del día de esa familia. «Entonces, ¡uta, me sentí cucaracha! ¡¿Qué hemos hecho con este país?!».

Cuando recuerda que esa realidad también existe en México —y no está aislada, sino que se extiende en todos los rincones—, renueva sus energías porque sabe que tiene que dejar la capa de mamá a un lado a veces para dejarles un mejor país a sus hijos.

———

De su hija Diana, de 34 años, y de su hijo Juan Pablo, de 26, se conoce poco.

En su biografía de Twitter, Diana se autodescribe como una «artista que la hace de ingeniera».[12] Una frase que la define bastante bien: es egresada de la Escuela Nacional de Pintura, Escultura y Grabado La Esmeralda. Seis años después le dio un giro a su carrera profesional y cursó una maestría[13] en Administración de Empresas en el Instituto Panamericano de Alta Dirección de Empresa (IPADE). Fue así como pasó de artista a ser la directora ejecutiva de High Tech Services, la empresa que fundó Xóchitl en 1992.

Antes de llegar a dirigir la empresa familiar le tocó empaparse del mundo político cuando dirigió Jóvenes con Xóchitl en 2010 para apoyar la candidatura de su mamá a la gubernatura de Hidalgo.

En una entrevista de aquel entonces, Diana comentó:

> Es un proyecto de familia, no me puedo quedar atrás. Tengo que apoyar a mi mamá, sobre todo porque creo que es un proyecto que nos conviene a todos los jóvenes y pues yo quiero dar la cara. También lo que les digo es que, si mi mamá fuera una ratera, una deshonesta, yo no daría la cara.[14]

Diana no esperaba que 13 años después la apoyaría en su sueño de convertirse en la primera presidenta de la República.

De Juan Pablo, su hijo menor, también se sabe poco. Xóchitl ha dicho que a él le encanta la grilla, la aconseja y le da *tips* de comunicación. Actualmente también trabaja en la empresa familiar y es amante del futbol, como Xóchitl.

«Está metido en todo el tema del cambio climático [...] Tenemos una división en la empresa muy importante dedicada al tema del medioambiente y esa ha sido su pasión. Él me acompaña a las cumbres que tienen que ver con el medioambiente y estoy contenta por él», expresó Xóchitl en una entrevista con la periodista Mónica Garza el 7 de julio de 2023.[15]

En esa misma conversación, Mónica le recordó a Xóchitl que cuando era delegada de la Miguel Hidalgo un día ambas coincidieron en una comida y ella se quejó de haberse desvelado por ir a sacar a Juan Pablo de un antro.

Yo como delegada no podía permitir que mi hijo estuviera en un antro fuera del horario legal. Entonces [cuando iba], los pobres antreros me veían y creían que yo estaba ahí queriendo clausurarles el lugar, y no. Yo andaba buscando a mi hijo. Esa vez que lo encontré me dijo: «¿Tú qué haces aquí?», y le dije: «No, ¿tú qué haces aquí, cabrón?, ya casi es hora de cerrar. Me van a meter un "periodicazo"».

Su familia la conoce bien. Sabe que cuando se le mete una idea en la cabeza es imposible sacarla de ahí. Pero ¿querer ser presidenta del país?

> Mi hijo decía: «Quédate con la ciudad, mamá, no seas tonta. Te están usando», porque él creía que a mí me estaba mandando alguien. Por otro lado, estaba mi hija Diana, quien me decía: «Tú puedes, mamá. Siempre has logrado lo que te propones». Y mi marido me decía: «Deja todo».

Ella sabía que en su casa no hallaría la respuesta que estaba buscando cuando se hizo esa pregunta.

———

Es más fácil que Xóchitl cambie de marido que de equipo de futbol. Ella no lo duda.[16]

«Cementera» de corazón, su pasión por el futbol comenzó desde que era niña, cuando vio uno de los partidos del Cruz Azul junto con su papá y hermanos en Hidalgo. Presenció uno de aquellos míticos juegos que le darían su primer campeonato en Primera División en 1969.

Entre los recuerdos felices que atesora con su familia se encuentran esos días en los que se sentaban todos juntos a escuchar los partidos de la Máquina Celeste, cuando Raúl *el Güero* Cárdenas dirigía, y jugaban Fernando Bustos, Benjamín Galindo, entre otros futbolistas que formaron parte de la época dorada del equipo celeste. Ahora esa afición la comparte con su esposo y su hijo: la familia Gálvez Sánchez también es «chema».

Parte de su pasado en Tepa lo enterró cuando murieron sus padres. Heladio Gálvez falleció en 2003 a los 82 años de edad por la insuficiencia renal que padeció los últimos años de su vida, producto de su alcoholismo.

Su mamá, Bertha Ruiz, murió dos años después. Aunque no fumó, tenía los pulmones como si lo hubiera hecho toda su vida porque ella, como muchas otras mujeres de esa época, cocinó siempre con leña. Xóchitl recuerda la situación de viudez de su madre y su fallecimiento:

Me hubiera gustado que mi mamá viviera más años, que disfrutara de su viudez. Ella no tuvo vida. Nunca disfrutó porque estuvo cuidando a mi papá. Recuerdo que yo me la quería llevar a Acapulco y ella se sentía culpable de disfrutar por el duelo de mi papá.[17]

4

UNA MUJER HECHA A SÍ MISMA

En 1992 finalmente nació la empresaria que estaba latente desde que vendía gelatinas de niña. Tras ocho años de trabajar como programadora y analista en el INEGI, y después como directora de Teleinformática en el World Trade Center (WTC), fue seleccionada para coordinar el sistema de información del Pabellón de México en la Exposición Mundial de Sevilla de 1992,[1] en la que participaron 108 países. «Ahí me di cuenta de que el mundo caminaba a pasos agigantados y que mi país seguía sumido en la prehistoria tecnológica. Me marcó. En ese momento supe que quería hacer algo por mi país en el sector público».[2]

En ese viaje que hizo a España escuchó por primera vez el término «edificios inteligentes» en voz de muchos ingenieros y arquitectos de otros países. Algo que hasta ese momento no estaba en su diccionario.

Xóchitl empezó a tomar sus primeras notas sobre las posibles soluciones para el uso eficiente del agua en una construcción, o de cómo, a través de la tecnología, hacer un uso correcto de la iluminación en una edificación podría optimizar su rendimiento.

Durante los cuatro años que estuvo allá, de 1988 a 1992, aprendió todo lo necesario para regresar a México y montar su propia empresa.

Con 29 años, fundó High Tech Services, una consultoría en ingeniería, enfocada en el diseño de edificios inteligentes.

«Le puse ese nombre para que sonara gringo, porque me decían que no iba a ser reconocida por ser mexicana», confesó en la charla TED «Triunfar sin olvidarte de tus raíces»,[3] en marzo de 2019. De alguna u otra forma, el nombre tenía que pegar, y lo hizo en muy poco tiempo.

Como en cada una de sus más locas ideas, nadie creyó que lo lograría, ni que se convertiría en una de las pioneras en traer este tipo de tecnología al país. «Le dije a un amigo que se asociara conmigo y me dijo: "No, porque eres mujer, y en la industria de la construcción las mujeres no son respetadas"».

Pero se aferró una vez más y logró abrir su propia empresa.

No lo hizo con ninguna herencia familiar, ni siquiera con un préstamo bancario. Solo vendió su coche para empezar con 40 000 pesos en la bolsa, un plóter y dos computadoras fiadas en un local de la colonia Letrán Valle, en la delegación Benito Juárez.

Me recuerdo con mi hija pequeñita, durmiendo a las cuatro de la madrugada debajo de una mesa en una pequeña oficina, en donde comencé y en donde yo trabajaba toda la noche porque no tenía personal, así que yo hacía todo.

Fue su propia secretaria, telefonista, programadora y dibujante. Fue el motor, la ingeniera y la directora de su sueño como toda emprendedora que se lanza al ruedo por primera vez.

Meses después su empresa se posicionó como una de las más exitosas en la capital del país y luego recibió durante dos años consecutivos el Premio a la Empresaria del Año, en 1994 y 1995.[4]

Hasta ese momento nunca sintió ningún tipo de discriminación por ser empresaria y mamá, como le había advertido su amigo. Si bien era la única mujer que se sentaba a negociar con los ingenieros y arquitectos que llegaban a su empresa para contratar sus servicios, poco a poco fue construyendo su prestigio en el mercado. No por nada su empresa ha asesorado proyectos de gran relevancia en el país, como el conjunto arquitectónico TecnoParque, en Azcapotzalco; la Torre Polanco; el edificio Sheraton Alameda; el WTC; la Torre Manacar, y hoteles como Fiesta Inn y centros comerciales como el de Santa Fe, entre otros que se han ido sumando a la lista de clientes de High Tech Services, en 31 años de vida de la empresa.

De acuerdo con el sitio oficial de High Tech Services, varios de estos proyectos que asesoró la empresa de Xóchitl han sido reconocidos con distintos premios nacionales de urbanismo y arquitectura. Uno de los primeros fue el que recibió el WTC, Ciudad de México, en 1995, cuando ganó el primer lugar al mejor edificio inteligente y sustentable. Para este desarrollo, High Tech Services se encargó del plan maestro de automatización, seguridad y telecomunicaciones del área inteligente del WTC, y realizó los proyectos de automatización y ahorro de energía, seguridad y telecomunicaciones del Centro de Exposiciones y Convenciones, como documentó la revista *Expansión*.[5]

Pero esta empresa no solo sumó a su cartera clientes privados, también ha sido contratista del gobierno, incluido el presente. De hecho, su empresa fue cuestionada por el actual presidente desde que se destapó como aspirante, pues acusó, en una de sus conferencias matutinas, que High Tech Services recibió 1 400 millones de pesos[6] en contratos a lo largo de nueve años, por lo que pidió que aclarara esos montos. De los cuales el 70% fueron celebrados en la Miguel Hidalgo, la delegación que gobernó entre 2015 y 2018.

Ante las acusaciones del presidente, Xóchitl lo retó a demostrar esos contratos a cambio de su renuncia. Gálvez señaló que, en caso de que se comprobaran los contratos, el presidente debía renunciar a su cargo «por mentiroso».

En una entrevista con la periodista Carmen Aristegui[7] se defendió y explicó que de los contratos que licitó con el gobierno federal a lo largo de esos nueve años obtuvo 78 millones de pesos en total, incluyendo servicios de mantenimiento y venta de cable a la Secretaría de la Defensa Nacional (Sedena); todo para edificios inteligentes, ya que —dijo— no existen muchas empresas que ofrezcan tales servicios. «Mi empresa es tan buena que también las actuales administraciones la contratan», señaló Xóchitl.

¿Xóchitl imaginó que algún día esa niña que trepaba árboles de mora tendría su propia empresa de tecnología?, ¿que esa misma empresa la llevaría a financiar su propia campaña presidencial? Lo que sí tiene claro es que, cuando se persigue un sueño, hay que buscar todos los medios para lograrlo y creer en esas metas por más lejanas que parezcan.

En 1998 nació su otra empresa, Operación y Mantenimiento a Edificios Inteligentes (OMEI), la cual también se dedica a la operación y mantenimiento de inmuebles y que también ha sido una de las principales contratistas en los sexenios de Felipe Calderón y López Obrador.

———

Xóchitl parecía tenerlo todo a los 32 años. Ya había cumplido el sueño de ser una ingeniera y una empresaria exitosa. Su nombre ya ocupaba espacio en periódicos y revistas. Su historia comenzaba a sorprender a muchos.

¿Cómo era posible que una mujer que llegó del Valle de Mezquital abriera una de las primeras empresas de tecnología en la capital del país? Muchos creen que fue cuestión de suerte, pero Xóchitl piensa que no, que todo fue producto de su terquedad, su tenacidad y su trabajo.

Con toda esa fama que fue ganando en el mundo empresarial desde joven, aún no se sentía completa. A su rompecabezas le faltaban algunas piezas y en sus orígenes estaba la clave.

> Empecé a cuestionarme si quería dedicar mi vida o el resto de mi vida a solo hacer dinero. Me parecía que no era lo que yo quería. Yo siempre me había preocupado muchísimo por las comunidades indígenas cuando vivía en Tepatepec.

La respuesta llegó en 1995 cuando conoció en Pachuca al doctor José Alberto García Aranda, quien trabajaba en el Hospital Infantil. Él le contó sobre los problemas de desnutrición infantil que había en las comunidades indígenas del país. A Xóchitl le impresionó enterarse de que los índices de mortalidad infantil estuvieran relacionados principalmente con la mala alimentación.

¿Qué podía hacer? De nuevo, la respuesta estaba en sus raíces: en la cosmovisión otomí, se cree que el único pecado por el que una persona llega al infierno es por guardar más dinero del que necesita.

«Tú no puedes tener todo el dinero del mundo y no preocuparte por tu semejante»,[8] dice Xóchitl.

Ahí fue cuando descubrió que ni todo el dinero ni todos los premios le daban satisfacción. El verdadero éxito estaba en ayudar y servir a los demás.

Así que, con las utilidades de sus empresas, decidió crear la Fundación Porvenir. Uno de sus primeros proyectos fue desarrollar una papilla nutricional junto con el Hospital Infantil de México Federico Gómez para repartirla en las poblaciones más vulnerables de Oaxaca, Estado de México, Hidalgo y Puebla. «Fue un éxito. Este proyecto también creció muy rápido. En dos años tenía 250 voluntarios. Con el apoyo de varias universidades, llegamos a tener hasta 1 000 voluntarios en la fundación».

En la fundación participaban nutriólogas y voluntarios de universidades y colegios como el Green Hills School, el Tecnológico de Monterrey y el Colegio Americano. Los jóvenes viajaban a las distintas comunidades indígenas del país para presentar de puerta en puerta la famosa papilla a las familias, darles los insumos y enseñarles cómo prepararla.

La fórmula era sencilla: tres cucharadas de harina de maíz o una bolita de masa, dos cucharadas de leche, azúcar y aceite. «Ese atole se lo tenían que dar por la mañana y por la noche, y en dos meses los niños recuperaban peso y talla. Eso hacía que los niños estuvieran más saludables», cuenta Xóchitl.

«Trabajé en la fundación hasta el año 2000. La fundación siguió sin mi presencia hasta el año 2006, y ahí pues ya realmente el gobierno [de Ernesto Zedillo] había metido el programa "Progresa-Oportunidades", y pues ya no era necesario entrarle por el tema de nutrición», como contó en su pódcast *Xóchitl Gálvez. Rebelde con causas.*

Sin saberlo, labró el éxito de su futuro. Su trabajo ayudando a mejorar la vida de las comunidades indígenas la llevó en 1999 a recibir el reconocimiento en el Foro Económico de Davos, en Suiza, como una de los 100 líderes globales del futuro. Así, se convirtió en la primera mujer mexicana en obtenerlo.

Después de ese enorme reconocimiento, Xóchitl no paró, y su nombre no solo fue mencionado en medios nacionales, sino que llegó a la prensa internacional en revistas prestigiosas de negocios y economía como *Business Week* (ahora *Bloomberg Businessweek*) y *Financial Times*.[9]

Comprometida con seguir apoyando y haciendo crecer su empresa, elaboró un plan para sumar más mujeres a su equipo. Era consciente de los retos que implicaba que se abrieran espacios para ellas en el mundo laboral.

Decidí que a las mujeres embarazadas les iba a pagar otros tres meses de incapacidad, adicionales a los que da el Seguro Social, así que la mujer que se embarazaba tenía seis meses de permiso con goce de sueldo en mi empresa, y las mujeres que tuvieran una carga doméstica muy fuerte, como cuidado de niños especiales o enfermos, podían trabajar desde su casa.[10]

De esta manera, Xóchitl se posicionó como una mujer que no solo era exitosa económicamente, sino también una persona que ayudaba a quienes necesitaban apoyo. Todas las situaciones que había vivido, carencias y necesidades, la habían hecho más consciente de las personas a su alrededor y de sus historias.

Nunca trató de salirse de Tepa sin mirar atrás. Trató de salirse para conocerse, reconocerse, crecer y regresar para aportar algo a sus orígenes.

Sentía una enorme deuda con esas poblaciones que conoció de cerca en Hidalgo, principalmente.

Para el año 2000, cuando la descubrieron los cazatalentos o *headhunters* que la recomendaron al expresidente Vicente Fox para integrar el gabinete de su gobierno, Gálvez ya tenía dos empresas y varios reconocimientos nacionales e internacionales.

5
LA MISIÓN DE SERVIR

Cuando en el año 2000 le propusieron a Xóchitl Gálvez integrarse al gabinete del entonces presidente Vicente Fox, pensó: «¿Yo qué voy a hacer ahí?».[1]

Ella tenía todas las credenciales como empresaria, emprendedora e ingeniera. Pero ¿política? Nunca pasó por su mente que podía entrar en ese mundo.

Fox sabía muy bien que Xóchitl no tenía ningún pasado político ni provenía de una familia que lo tuviera, lo cual no solo es usual en México, sino que parece dictar los caminos en las más altas esferas del poder. Lo que a él lo cautivó fue la trayectoria de

Xóchitl en el trabajo social, especialmente su labor con las comunidades indígenas a través de la Fundación Porvenir y con recursos propios.

Pero Xóchitl era precavida y se resistió a entrar en ese ámbito —aún desconocido para ella— sin analizar bien los pros y los contras.

Finalmente dio el sí, pero tardó tres meses en aceptar la propuesta.

Así, se unió al gabinete de Vicente Fox, el primer gobierno de alternancia que logró quitar al Partido Revolucionario Institucional (PRI) del poder y que desaforó a Andrés Manuel López Obrador (AMLO) en 2005, quien en ese entonces era aspirante a la presidencia del país. Esto significó un parteaguas en su posicionamiento ante los ojos de la ciudadanía, que reconocieron en él al político incómodo que había sido silenciado, acaso por temor. Esta estrategia de callar y hacer menos ha sido, irónicamente, la misma que AMLO ejerce ahora contra Xóchitl desde su plataforma diaria en las conferencias matutinas.

Xóchitl lo tenía claro: sabía que se podía hacer un mundo distinto desde adentro. Que esa vocación suya por ayudar a los demás podría tener mayor impacto.

Fue así como Xóchitl llegó a la Oficina para el Desarrollo de los Pueblos Indígenas, y después fue nombrada directora general de la CNDI, cargo que ocupó durante todo el sexenio de Vicente Fox (2000-2006).

El primer gran reto durante su administración en la CNDI fue enviar la iniciativa de reforma constitucional que reconocía los derechos de los pueblos indígenas, la cual tenía como base los Acuerdos de San Andrés Larráinzar, un documento que firmó el gobierno mexicano con el Ejército Zapatista de Liberación Nacional (EZLN) el 16 de febrero de 1996 y que estaba pendiente de reconocimiento en la Constitución desde entonces.

Si bien ese fue un primer gran paso para el reconocimiento de las comunidades indígenas en el país, la misma Xóchitl acepta que, a 27 años de aquel pacto, ningún gobierno ha logrado cumplir con todos los compromisos asumidos en aquel documento.

«Los pueblos indígenas han reclamado que esos derechos fueron insuficientes, pues no se les reconoció como sujetos de derecho público, con personalidad jurídica y patrimonio propios»,[2] entre tantos otros pendientes que se quedaron en papel.

Desde su puesto en la Comisión, Xóchitl creó además el Instituto Nacional de las Lenguas Indígenas (Inali) y la Coordinación General de Educación Intercultural y Bilingüe (CGEIB), hoy extinta.

Otro logro de la hidalguense consistió en facilitar el acceso a la energía eléctrica a dos millones de indígenas y el suministro de agua potable a 1.5 millones más.

Durante los seis años que dirigió la CNDI le tocó recorrer el país de norte a sur, metiéndose hasta la cocina de las comunidades indígenas que le abrían sus puertas para contarle sus necesidades. Después del presidente López Obrador —dice—, es la política que más ha recorrido los 2 469 municipios que conforman las 32 entidades del país.

Entre las acciones que la destacaron al frente de la CNDI también está la construcción de la carretera Tlapa-Marquelia, que conecta a todas las comunidades de la región de la mixteca y que se extiende 40 000 km a través de los estados de Puebla, Guerrero y Oaxaca. La construcción de 10 universidades interculturales bilingües que se inauguraron en estados como San Luis Potosí, Tabasco y Quintana Roo. Además, el suministro de energía eléctrica a la selva Lacandona, entre otros logros del que —dice— fue el mejor trabajo del mundo.

Xóchitl se metió hasta las entrañas de las zonas más pobres del país. Al final entendió que el servicio público tiene el poder de transformar la realidad de las personas, tal como lo hizo con la suya.

Después de su primer cargo público, y una vez que terminó el sexenio de Vicente Fox, regresó al mundo empresarial y ahí se quedó cuatro años más.

Quería volver con su familia y dedicarse a sus negocios, pero aún tenía en mente aquellos días en los que conoció a pie las distintas realidades que hay en el país, ayudando a los que más lo necesitan.

«Recuerdo que dije: "Si conocí a fondo Hidalgo cuando fui comisionada, recorriendo cada rincón de la Huasteca, ¿por qué no gobernar mi estado?"».[3]

Desde 2008 empezó a darle vueltas y vueltas a la idea de convertirse en gobernadora de Hidalgo. Empezó a ir a las comunidades, a reunirse con la gente que podría convencerla de que fuera candidata.

En ese entonces el periodista Miguel Ángel Granados Chapa me impulsó mucho a que me animara a hacerlo y lo logré. Lo logré contra todo el machismo de los partidos. [A pesar de que] era la mejor posicionada entre el PAN [Partido Acción Nacional], el PRD [Partido de la Revolución Democrática] y Movimiento Ciudadano, inclusive del PT [Partido del

Trabajo], me impugnaban, me bajaban, me volvía a subir y peleaba. No tuve mucho tiempo de preparar mi campaña, me tuve que estar defendiendo jurídicamente todo el tiempo en lugar de estar haciendo estrategia de campaña.

Y lo logró. En 2010 fue candidata a la gubernatura de Hidalgo por la coalición denominada Hidalgo nos Une, integrada por el PAN y el PRD.

La campaña de Xóchitl fue austera. Empezó su promoción sin dinero, sin apoyo de los partidos y sin el respaldo público de los empresarios. Pero lo hizo, como siempre, con el respaldo del pueblo.

En esos días se hizo famosa una canción que fue adjudicada a la banda mexicana de rock Molotov. «Ahí viene Xóchitl» impulsaba a esa candidata entrona: «Ahí viene Xóchitl... Hidalgo está mal gobernado, juntos podemos cambiar el pasado. Grande es el estado, pero extragrande debemos dejarlo [...] ¡Que sí!, ¡que no!, ¡que cómo chingados no! ¡Que sí!, ¡que no!, ¡que cómo chingados no! [...] ahí viene Xóchitl», decía la letra de la canción que hasta hoy no ha sido reconocida oficialmente por Molotov y que cuenta con miles de reproducciones en el canal de Xóchitl Gálvez, en YouTube.

Desde que buscó la gubernatura de Hidalgo, lo sabía bien: en su gobierno no habría «rateros, ni huevones, ni pendejos». Esta misma frase es la que ha repetido hasta el cansancio en los últimos días cuando alguien le pregunta si ya ha pensado en los posibles perfiles de su gabinete en caso de llegar a la presidencia del país.

Cuando se postuló por primera vez, Xóchitl estuvo a nada de ganar.

Fue su primera gran contienda electoral: «el baño de realidad» que la prepararía para lo que vendría 12 años después.

En aquellas elecciones de Hidalgo logró obtener 45.13% de los votos[4] frente a 50.25% de su rival, Francisco Olvera Ruiz. Un resultado histórico que abriría la posibilidad de una alternancia en el poder, pues hasta ese momento el PRI había gobernado la entidad por más de ocho décadas.

Aquella experiencia de quedarse al borde podría tomarse como un fracaso en su trayectoria política; para ella no fue así. Esa candidatura le dio más fuerza y valor para seguir peleando por un cargo público. Y aunque no ganó en Hidalgo esa vez, sí logró gobernar la delegación Miguel Hidalgo en la Ciudad de México, cuatro años después, entre 2015 y 2018, durante la gestión del exjefe de gobierno capitalino Miguel Ángel Mancera.

———

Sobre su trayectoria como delegada en una de las demarcaciones con más contraste económico, ya que la componen tanto las zonas residenciales de Polanco y Lomas de Chapultepec como colonias populares tales como la Anáhuac y la Pensil, Xóchitl presume que uno de sus mayores logros fue romper con la burocracia:

> Lo primero que hice fue tratar de hacer mucho más eficiente la administración, había nueve direcciones generales y solo dejé tres, ¿por qué? Para que ese dinero que se utilizaba en la administración se utilizara en los servicios urbanos. Así logré ahorrar 252 millones de pesos con esa reingeniería que me permitió cambiar el 99% de las lámparas de Miguel Hidalgo.[5]

El trabajo que hacen las alcaldesas y alcaldes hoy en día —dice Xóchitl— es poco reconocido, quizá porque es el trabajo más «sucio». Quien está a cargo de una alcaldía tiene que encargarse de vigilar los programas de recolección de basura, el funcionamiento del drenaje, tapar hoyos y baches, entre otros méritos que no son nada vistosos en grandes informes de gobierno, pero que los ven y viven diariamente las y los colonos.

Durante su administración también llevó un poco de su experiencia en innovación y tecnología a su alcaldía. Por ejemplo, inauguró el primer jardín infiltrante de la Ciudad de México, en la colonia Legaria, el cual servía para captar el agua de lluvia a fin de regresarla al subsuelo y así recargar los mantos acuíferos.

———

Xóchitl se dio a conocer pronto entre las y los chilangos por sus famosos videos en Periscope, una plataforma de grabación en vivo, donde informaba acerca de sus actividades como delegada, y que pronto fueron ganando popularidad en las redes sociales. En la descripción de su perfil de aquella plataforma se describía como una «luchadora social e impulsora del *social business*, ¡muero por el futbol!».

También hubo otros videos que la volvieron viral y la colocaron en el ojo del huracán desde entonces. Como el que subió en marzo de 2016, en la fiesta de cumpleaños del excandidato presidencial y exsenador del PAN Diego Fernández de Cevallos, conocido como Jefe Diego. En aquel famoso video aparecían personajes como el empresario Carlos Slim, o los expresidentes Carlos Salinas de Gortari y Felipe Calderón.

Pero más allá de exhibir a personajes políticos en sus videos, a ella lo que le interesaba era documentar, a través de sus videos, cómo se llevaban a cabo las licitaciones vecinales para dar permisos de construcción en la alcaldía, pues uno de sus grandes desafíos era combatir la corrupción inmobiliaria.

> Me encontré una cantidad de edificios ilegales que ni siquiera tenían manifestación de obra, la documentación era falsa y ni siquiera pagaban los derechos al gobierno [...] los constructores que no tenían la documentación bien sabían que no podían acercarse a la ventanilla porque les íbamos a frenar sus manifestaciones de obra, porque no había manera de que entregaran un «moche». Demolimos más de 15 inmuebles y combatimos los «moches» y regularizamos a los restauranteros.[6]

Durante su gestión como delegada fue citada a comparecer en 2018 por una acusación de daño en propiedad ajena por la presunta demolición ilegal de un piso del edificio ubicado en Horacio 1205, en la colonia Polanco, como parte de su estrategia para combatir la corrupción inmobiliaria en la delegación. La denuncia se quedó ahí y no se acreditó el presunto delito.

Aquella vez Xóchitl aseguró que durante la administración se identificaron 40 inmuebles con pisos de más «sin que estuvieran respaldados con un certificado de uso de suelo».

Su administración en la Miguel Hidalgo también recibió duras críticas por la gestión de Arne aus Den Ruthen, el city manager de Gálvez, señalado por su estrategia contra el ambulantaje en la delegación y por violar el uso de suelo en un edificio familiar, entre otras polémicas que lo llevaron finalmente a renunciar a su cargo en 2016.

———

Durante sus días como jefa delegacional cultivó una amistad con Claudia Sheinbaum, quien entonces era delegada de Tlalpan. Ambas presentaron una controversia constitucional, en 2017, ante la Suprema Corte de Justicia de la Nación (scjn) en contra del recorte presupuestal que sufrieron sus demarcaciones.

Xóchitl lo recuerda así: «Hicimos amistad porque a las dos nos fregaron. A ella, Morena, porque le dieron la lana a Ricardo Monreal, y a mí, el PAN, porque le dieron la lana a [la delegación] Benito Juárez».

Esa relación se siguió reforzando durante esos años en los que las dos fueron delegadas. Xóchitl dice que fue la primera en respaldar a Claudia para que se convirtiera en jefa de Gobierno. Gálvez hizo un video para pedirle a Morena que eligieran a Sheinbaum como su candidata en ese entonces, porque, aunque eran de distintos partidos, era bueno que se apoyaran entre mujeres.

Irónicamente, Claudia y Xóchitl se convertirían en rivales tiempo después, rumbo a las elecciones de 2024, por ser las mujeres mejor posicionadas para aspirar a la presidencia del país. Pero, antes de ser posibles contrincantes, Xóchitl tuvo la oportunidad de unirse a Morena, un hecho que quizá hubiera cambiado por completo el panorama electoral de 2024.

Era tanta la cercanía entre ambas, que a finales de 2017 Claudia visitó la casa de Xóchitl, junto con un hijo de Andrés Manuel López Obrador, para proponerle que se uniera a Morena, cuando ya se veía venir el inevitable triunfo del partido del presidente. «Me ofrecían o una senaduría o me ofrecían ser parte del gabinete y ya se veía que tenían la fuerza para ganar, y en ese momento dije que no [...] Le dije que no porque yo suelo decir lo que pienso y a él no le gusta que le digan lo que piensan».[7]

Esa negativa, esa decisión a seguir diciendo lo que piensa, es lo que ha marcado desde entonces su relación con AMLO.

La amistad entre Xóchitl y Claudia finalmente se fracturó en 2021, cuando Xóchitl era senadora por el PAN, y Sheinbaum jefa de Gobierno de la Ciudad de México. «La bronca empieza cuando la cuestiono por la Línea 12, porque no dan a conocer el tercer informe del DNV [la empresa noruega Det Norske Veritas], y entonces yo hago un video diciendo "¿será que se concluye que la causa-raíz es la falta de mantenimiento?"».

Xóchitl había llegado a esa conclusión después de leer detalladamente la versión pública del segundo informe de la empresa noruega DNV, encargada de hacer el dictamen que analizaría la causa-raíz del colapso del tramo elevado de la Línea 12 del Metro. Una tragedia que cobró la vida de 26 personas el 3 de mayo de 2021. Todo indicaba que el origen del derrumbe había sido por falta de mantenimiento, pero Claudia se tomó este señalamiento de Xóchitl como «una afrenta personal».

Sheinbaum la acusó de haber tenido acceso al informe y de haber influido en él. «Entonces ahí sí hay un rompimiento con Claudia. Ella se enoja muchísimo conmigo. Yo la empiezo a criticar mucho más, porque a dos años no hay una sola persona en la cárcel, y un Metro no se cae», dijo Xóchitl en una entrevista para el sitio Código Magenta.

Ese también sería su rompimiento con una posible aliada política que después se convertiría en su rival.

¿Y qué piensa ahora Xóchitl de Claudia? Que es una mujer «inteligente», honesta, pero que «en este ánimo de ser la candidata, pues prácticamente hace lo que el presidente dice y, creo, esa no es Claudia».

El destape de Xóchitl le robó el protagonismo a Sheinbaum desde el inicio. Varios expertos comparaban sus perfiles: una ingeniera y una científica, con diferentes pasados e historias familiares. Dos mujeres totalmente distintas que aspiran a que México tenga su primera mujer presidenta.

El lema de campaña de Claudia reza: «México se escribe con "M" de mujer», y Gálvez le agregó una frase: «Y con "X" de Xóchitl».

———

Xóchitl no solo le echaba pleito a Claudia desde el Senado de la República. Su trayectoria en el Senado también estuvo marcada por la irreverencia y la polémica que la caracteriza. Sobre todo porque fue una senadora que siempre cuestionó la mayoría de las iniciativas planteadas por el presidente y su partido.

Por ejemplo, cuando llegó al pleno disfrazada de dinosaurio verde con un cartel en el que se leía: «Jurassic Plan». Un *performance* que protagonizó a finales de 2022 en el Senado durante la discusión del llamado «Plan B» de la reforma electoral impulsada por AMLO, la cual buscaba modificar la estructura del Instituto Nacional Electoral (INE).

En ese momento, Xóchitl Gálvez comparó la reforma electoral con la época de los dinosaurios y con el partido que gobernó durante más de 70 años sin alternancia. «Hoy vamos a presentar el "Jurassic Plan", que es el retorno de Manuel Bartlett para volver a hacer el fraude electoral del 88... a la época de los dinosaurios priistas», sostuvo. Su alusión era que, cuando gobernaba el PRI, y antes de las reformas electorales de 1996, las elecciones eran controladas y ejecutadas por el mismo partido que también competía en la boleta; esto resultaba en elecciones sumamente injustas para la oposición, ya que no podían competir por los votos y al mismo tiempo hacerlo contra el sistema que regulaba la competición.

Antes de estas reformas, en 1988 las elecciones presidenciales se inclinaron hacia el candidato del partido del poder, Carlos Salinas de Gortari, en una competición donde se alegó uno de los mayores fraudes electorales del país.

En otro momento, Xóchitl se encadenó a una silla de la tribuna del Senado donde se discutía el nombramiento de comisionados y comisionadas del Instituto Nacional de Transparencia, Acceso a la Información y Protección de Datos Personales (INAI). Esta discusión se aplazó durante varias sesiones, ya que ni la oposición ni Morena se ponían de acuerdo para la aprobación de los nombramientos.

«He puesto un par de cadenas como protesta de que Morena y sus aliados no quieren nombrar al comisionado del INAI y, por lo tanto, este órgano está inoperante», acusó en su cuenta de Twitter en aquel entonces.

Todos estos episodios la convirtieron en una senadora atípica y muchas veces incómoda para sus propios compañeros panistas. Pero quienes la conocían desde sus inicios en la política sabían que Xóchitl siempre fue una mujer ocurrente y polémica por decir lo que pensaba.

Una de las cosas que más le cuestionan recientemente a Xóchitl Gálvez es su identidad política, porque ha demostrado ser una panista que se distingue del PAN, un partido que le abrió las puertas desde la era foxista, pero en el que no tiene militancia. Y es que muchas voces se preguntan «¿cómo fue que una trotskista rebelde llegó a las cúpulas de uno de los partidos más conservadores del país?».

Ahora, como una fuerte candidata que podría ser el rostro de la oposición en las elecciones, es inevitable preguntarle a Xóchitl qué piensa de ese PRI, semillero de dinosaurios; de ese PAN que se ha posicionado en contra del aborto y otros derechos; si se identifica con el PRD, donde nació la izquierda mexicana; y qué bandera política la representa más. Ella dice que se identifica como una socialdemócrata, algo más parecido a una postura de centro-izquierda.

Quizá por eso a algunos panistas no les convence su nombre. Es más, les incomoda. Su perfil rompe con cualquier rostro femenino del PAN. Ella se ha posicionado a favor del aborto, de los derechos de la comunidad LGBT, de la regulación de las drogas, de las infancias trans, y se ha declarado abierta feminista y entrona. Características que no cuajan con la «agenda azul» del PAN.

¿Entonces con qué lado de la oposición se identifica más?

En una entrevista realizada durante su pre-campaña respondió que se quedaba con el PRI que impulsó el INE, que impulsó el Seguro Social, creó instituciones que se preocuparon por el campo y la mejora del país; con ese PRD que buscaba la justicia social, y con ese PAN que busca el bien común, la libre empresa. Con esos principios de cada partido dijo quedarse.[8]

A Xóchitl parece no importarle el color de la bandera que la abraza, sino seguir sus convicciones políticas. Es el «chile de todos los moles».

Que el presidente diga que hay un hombre detrás de ella es algo que no tolera porque a Xóchitl no la puso nadie. Ella se puso sola con su terquedad de buscar un futuro mejor, con su trabajo y con su trayectoria. En sus palabras, «el machista de Palacio Nacional» no puede aceptar que haya una mujer independiente y trabajadora que aspire a ocupar su silla presidencial.

No soporta que una mujer que viene desde abajo haya recorrido más municipios que todas sus «corcholatas» juntas.

6
LA SABIDURÍA INDÍGENA

En sus recorridos por las comunidades indígenas, cuando trabajó en la Comisión Nacional para el Desarrollo de los Pueblos Indígenas
(CNDI), Xóchitl se reencontró con su identidad latente y de la que poco se conoce: la espiritual.

Aunque salió de Tepa y se metió de lleno en el
mundo de la tecnología y la política, nunca olvidó
sus raíces indígenas. Aquella cosmovisión otomí,
que heredó de sus abuelos y que le enseñó a honrar
a sus ancestros, la acompañó durante su camino y
la guio en la toma de decisiones.

Su primer acercamiento a la espiritualidad fue
precisamente en casa de sus abuelos paternos.

Xóchitl recuerda que en ella había una capilla que servía de oratorio, en donde reposaba un Cristo al lado de otras figuras y adornos propios de su familia. Ese pequeño lugar le imponía mucho respeto y culto. No era para menos, ya que los oratorios otomíes son parte de una tradición ancestral en México. Por ejemplo, las capillas-oratorio de Querétaro son reconocidas como Patrimonio Inmaterial de la Humanidad por la Organización de las Naciones Unidas para la Educación, la Ciencia y la Cultura (Unesco), pues en las pinturas y figuras que resguardan está inscrito el legado otomí.

En la familia de Xóchitl también se solía recurrir a las plantas medicinales para curar un simple catarro, y se utilizaban huevos para limpiar de las malas energías y el mal de ojo, al igual que muchos mexicanos que aún conservan estas tradiciones heredadas de generación en generación.

Incluso ella cuenta que su madre Bertha solía sumergir a su nieta Diana, la hija de Xóchitl, en una tina con hierbas y plantas cuando la veía «flaca y descolorida» por alguna enfermedad. Esa sabiduría indígena, parte primordial de la cultura mexicana, ha estado presente en su vida desde que tiene memoria.

Cuando fue directora general de la CNDI tuvo un acercamiento especial con esa y otras costumbres que atesoran las poblaciones mazatecas de Oaxaca y los huicholes de Nayarit, entre otras que compartieron con ella su conocimiento ancestral sobre las medicinas que —se cree— curan el alma.

Por ejemplo, al peyote, una planta cactácea que crece principalmente entre los matorrales del desierto de Wirikuta, en San Luis Potosí, se le atribuyen propiedades sanadoras para el espíritu en la tradición del pueblo wixárika o huichol. Este grupo indígena cuenta con una población aproximada de 23 700 habitantes y está presente en Nayarit, Jalisco y Durango.

El contacto con estas comunidades le permitió a Xóchitl entender que el peyote o hikuri —como ellos lo llaman— es el libro de la vida para los wixaritari (plural de wixárika), la puerta de entrada a ese mundo espiritual que honró desde que era niña.

Su inmersión en los usos y costumbres de estas comunidades fue tan profunda que durante sus años como funcionaria en el gobierno de Vicente Fox se animó a probar el peyote en el Cerro del Quemado en Real de Catorce, meca de la cultura wixárika, en San Luis Potosí. Esta es una anécdota que cuenta sin ninguna reserva y que mostró una vez más que Xóchitl no es para nada una política conservadora ni tradicional, pero sí una persona muy consciente de las tradiciones de su país.

Xóchitl cuenta que aquella vez que probó el peyote se aventuró en la tradicional peregrinación wixárika, la cual inicia en la región serrana conocida como el Gran Nayar, se desarrolla a través de una ruta ceremonial entre los estados de Jalisco, Nayarit y Durango, y termina en Wirikuta. Esta excursión es realizada por los huicholes cada año: parten en autobuses y camiones, caminan y recorren toda la ruta hasta concluir en esta ceremonia con la que honran su legado sagrado del hikuri.

Cuando Xóchitl llegó a estas comunidades como parte de su labor de comisionada, facilitó el suministro de electricidad en esos lugares, los cuales en su mayoría están muy alejados de los centros urbanos; construyó y pavimentó caminos; y fue hasta aquellos pueblos a inaugurar escuelas. Nunca pensó que iba a salir de aquellas comunidades con un nuevo aprendizaje que la marcaría de por vida.

Xóchitl le contó esta experiencia a la periodista Yaninna Thomassiny en su pódcast *Sabiduría Psicodélica*:[1]

El peyote me enseñó a encontrarme conmigo misma y a darme cuenta de que tengo un valor y que no importa lo otro. Yo soy muy dada a que no me importa el qué dirán. Yo ahí, en la ceremonia del peyote, me encontré muy muy fuerte con mi propia identidad [...] Toda esa noche estuve buscando el peyote, más bien esperando a que el peyote me encontrara, porque tú no encuentras al peyote, él te encuentra a ti.

Cuando narra esta experiencia, Xóchitl recuerda que bailaba al lado de los marakames o chamanes que guiaron la ceremonia en Wirikuta.

Temblaba por el frío del desierto y danzó delante del fuego durante toda la noche. «Esa experiencia con esa música, esas imágenes y el fuego enfrente: todo en su conjunto fue alucinante», contó.

También se atrevió a hacer aquel ritual milenario porque desde hacía años pugnaba por que el peyote no fuera considerado una droga. Muchos indígenas eran encarcelados por el uso de esta planta cuando la usaban en sus peregrinaciones y ceremonias espirituales.

Actualmente las leyes mexicanas castigan la posesión del peyote hasta con 25 años de cárcel, excepto para las comunidades como los wixaritari, los coras y los rarámuris, ya que estas lo consideran una planta medicinal dentro de su cultura.

Desde que fue comisionada concluyó que uno de los grandes problemas de los pueblos indígenas es que nunca han sido la prioridad en la agenda nacional. Por eso, Xóchitl defendió esa causa desde el inicio de su trayectoria política. El acercamiento a aquellas plantas ancestrales solo confirmó ese camino.

El uso de plantas medicinales en las ceremonias indígenas también ha sido parte de su agenda legislativa en el Senado. En enero de 2023 participó en el Foro Intercultural de Medicina Enteógena, cuya finalidad era llevar a las y los senadores una propuesta de regulación para el peyote y los hongos alucinógenos, entre otras «plantas de poder», como ella las llama, y como a su vez la denominan, en sus diversas lenguas, las culturas originarias de México.

La importancia de regular el uso de estas plantas también radica en su protección —comenta la senadora—, ya que existe un mercado ilegal en el país que amenaza la existencia del peyote y hace peligroso su uso para los pueblos originarios. En los últimos años ha crecido una fascinación por el uso de las sustancias psicoactivas que se obtienen de estas plantas, lo que ha atraído un mercado negro que explota y comercia su uso.

Además, el territorio sagrado de los wixaritari está en riesgo por la minería y la invasión de los megaproyectos agrícolas e industriales, lo cual constituye otra de las grandes deudas de la legislación nacional respecto a los pueblos indígenas: proteger sus tierras de la explotación, la expropiación extranjera y la devastación.

La exsenadora reflexiona sobre esta parte de las culturas milenarias de México y su relación con el mundo contemporáneo:

> Es algo muy importante que quiero que entiendan los jóvenes. No es llegar a Real de Catorce y comer peyote como loco. Es un ritual. Es una ceremonia. Tienes que estar acompañado y lo tienes que hacer con una finalidad y con respeto. Y sí, siento que muchos ya van nada más por vivir la experiencia, pero no hacen esa introspección: entrar con su yo interno, algo que es muy importante.

———

Xóchitl Gálvez no solo conoce la experiencia del peyote, de la que fue parte en el desierto del noroeste mexicano. En la Sierra Mazateca, en Oaxaca, también comió los famosos hongos alucinógenos, aquellos que utilizaba la curandera María Sabina con fines medicinales en ceremonias católicas; como el peyote, tienen una tradición de cientos de años y una presencia activa.

Así como del peyote obtuvo beneficios espirituales, los hongos ayudaron a Xóchitl a curarse de la angustia, un mal que la aquejaba cuando fue funcionaria en la época foxista. En uno de sus recorridos por la sierra oaxaqueña platicó con una curandera sobre esa presión que sentía en el corazón cada que se iba a la cama y pensaba en todos los pendientes y demandas de las personas que conocía y que pedían su ayuda. ¿Podía vivir sin estrés?

Xóchitl dice que lo consiguió durante un tiempo, gracias a los hongos sagrados que comió en una ceremonia mazateca: «Creo que me curó un poco la ansiedad con la que vivía y pude estar más tranquila. Dejé de ser una mujer ansiosa. Esa parte sí la resolví. Ella [la curandera] me enseñó a conectarme con mi yo».

Desde entonces trata de recordar ese aprendizaje que le dejó su experiencia con los hongos. Cuando llega a casa intenta olvidarse de ese mundo externo que le exige cumplir con agendas, mítines y reuniones para tener un momento de meditación y conectarse con su mundo interno, en donde no existen esas voces que la atormentan.

Si hay una forma de entender qué lleva a una ingeniera y política como Xóchitl a vivir este tipo de experiencias, esta consiste en regresar a sus raíces:

Yo sí creo que tiene que ver con mi origen, con mis prioridades. No sufro por tener cosas o por atesorar cosas. La única razón por la que yo estoy en la política no es por ego o por sentirme «la chingona». Tiene que ver con el servicio a los demás. Nuestra única misión de estar en el mundo es poder hacerle la vida menos difícil a otro ser humano.

Las propiedades curativas que se les adjudican a las sustancias psicoactivas de las medicinas ancestrales han sido canalizadas actualmente para curar adicciones fuertes, como el alcoholismo que padeció su papá y al que ninguna planta logró salvar.

También trastornos graves como la depresión o la ansiedad se pueden tratar con estas técnicas ancestrales, explica Xóchitl, quien está al tanto de las conclusiones a las que ha llegado la comunidad científica internacional en los últimos años.

¿Y qué hay de la marihuana? ¿La probó alguna vez? En una entrevista llegó a decir que lo intentó hace algunos años junto a Diana y Juan Pablo en Ámsterdam, la capital de los Países Bajos, donde sí es legal su consumo, pero fracasó porque no sabe fumar. Aunque le encantaría echarse un «churrito» un día, cuenta entre risas cada que se lo preguntan en una entrevista. La marihuana, explica ella, es una droga que «pacifica».[2]

Este tipo de declaraciones de Xóchitl son las que han sido polémicas entre los más conservadores, sobre todo en el PAN, quienes no ven con buenos ojos que hable abiertamente sobre sus experiencias con este tipo de sustancias. A los políticos panistas —dice— les hace falta probar peyote para que se «aflojen un poco».

En otra entrevista, Xóchitl habló sobre la postura de la mayoría de la gente inmiscuida en la política:

La gente está hasta la madre de políticos que no se atreven a ser sinceros. Y la gente lo detecta y, si les caigo mal, pues ni modo, pero esa soy yo. Habrá quien diga: «¡Cómo esta política se atreve, va a inducir a nuestros hijos al mal!». Yo les diría que, al contrario, lo que queremos hacer es informar para que su uso no se haga de forma irresponsable.

———

Su labor con las comunidades indígenas no solo se ha quedado en la agenda legislativa, va más allá de portar un huipil y presumir su linaje otomí. También ha sido una ferviente defensora de las lenguas indígenas y su herencia cultural.

En 2021 publicó el libro *¿Y tú cómo te llamas?* *Las voces de los pueblos indígenas para nombrar a la gente,* el cual escribió junto con el antropólogo Arnulfo Embriz y fue presentado por el Instituto Belisario Domínguez del Senado de la República.

En aquel texto de más de 300 páginas buscaron representar la diversidad de voces de los más de 7.3 millones de personas[3] que hablan una lengua indígena en el país, porque —según sus autores— los 71 pueblos indígenas de México hacen uso de su lengua y nombran al mundo a través de ella.

Xóchitl escribió en aquel libro:

> Con los nombres se expresa parte del mundo [...] En cada una de las lenguas indígenas se nombran colores, sentimientos, adjetivos, plantas, animales, cuerpos de agua, fenómenos naturales, cerros, puntos cardinales, cuevas, sitios sagrados, seres mitológicos, constelaciones, el sol, la luna, el rayo, flores, semillas, ceremonias y rituales de los ciclos de la vida y los ciclos agrícolas, el crecimiento del maíz, objetos rituales o de uso cotidiano, ritos de curación y mortuorios, ofrendas, el parentesco y la gastronomía.

Una de las preguntas que más le han hecho a Xóchitl desde que se destapó como aspirante a candidata presidencial se refiere a cómo tomó esa decisión o quién estuvo detrás de su posicionamiento. La respuesta se encuentra, una vez más, en su tierra natal, en su conexión con la comunidad y sus habitantes.

Cuando más cerca estaba de tomar una de las decisiones más importantes de su carrera y de su vida, tuvo que regresar a su tierra natal. Necesitaba meditar su siguiente paso, y solo en Tepa —pensaba— encontraría la respuesta a su gran duda:

Soy muy espiritual. Me fui al Tepa, en donde se cree que está enterrado mi ombligo, una montaña a la que solía ir de niña. Ahí te conectas con tu ser interior. Llegas a morir a tu tierra. En la cosmovisión indígena, se cree que uno se va a morir donde está enterrado su ombligo. Me levanté a las cinco de la mañana y caminé dos horas y media para llegar. Es una tierra de muchos colores. Era mi lugar favorito de niña. Durante todo el camino le fui diciendo a mi madre que me enviara una señal, que ella era una mujer sabia y que ella estaba conmigo, que esa era la decisión más difícil de mi vida. Le pedí: «Por favor, envíame una señal». Después me senté y se me puso una mariposa de muchos colores en la mano y dije: «Esa es la señal. Va».[4]

Esta herencia indígena con la que tanto se identifica le ha jugado en contra desde que fue comisionada en el gobierno de Fox. Desde ese entonces ya se ponía en duda si Xóchitl realmente debía presentarse como indígena.

En una entrevista en febrero de 2001 con el periodista Sergio Sarmiento habló de un «indiómetro», un tipo de termómetro que mide qué tan «indígena» podría ser o no, según su apariencia:

La bronca es que este es un país producto del mestizaje, este es un país donde hay una mezcla fuerte de sangres. Yo desde siempre, desde que tú me conoces, creo que desde hace muchos años, he dicho que soy indígena y me autoadscribí, en lo personal, pudiendo decir que no, porque reconozco mi cultura, mis tradiciones, mis antecedentes, mis orígenes.

Desde hace años se ha reconocido y presentado como una mujer indígena, y estas decisiones han marcado su vida.

Xóchitl significa «flor» en náhuatl.

7
LA SEÑORA X

Durante su precampaña electoral, Xóchitl Gálvez dejó atrás su nombre de origen náhuatl para abrazar el apodo Señora X, impuesto desde la tribuna del presidente.

Después de aquel «portazo» en Palacio Nacional que la colocó en el escenario electoral, durante las siguientes cuatro semanas Andrés Manuel López Obrador mencionó insistentemente a Xóchitl en al menos 35 ocasiones en sus conferencias matutinas, e incluso en su cuenta de Twitter, como documentó *Animal Político*.

Tales alusiones parecían haberse hecho con apresuramiento y cierto temor. Quizá fueron expresadas al sentir que el panorama que él se imaginaba y había planeado con tanta antelación de repente se veía modificado por un factor que hacía tambalear su plan para la continuidad de Morena en el poder: el de tener a sus precandidatos compitiendo entre sí y luego sumarlos a un único gabinete cuando se ganara la presidencia, sus llamadas «corcholatas». Fue un plan que diseñó de principio a fin, e incluso redactó él mismo en Palacio Nacional.[1]

Estas menciones constantes ayudaron significativamente a que Xóchitl se posicionara muy rápido en la agenda pública, ya que le confirieron la misma importancia que la de las «corcholatas» presidenciales.

De repente su nivel de exposición se incrementó tanto que casi todos los medios nacionales comenzaron a buscarla para entrevistas. Luego retomaron su historia y volvieron a contar de dónde venía la nueva candidata de la oposición. ¿Cuál era su origen? ¿Era verdad que se había inventado a sí misma? ¿Que venía de un pueblo de Hidalgo y ahora era empresaria?

Entre varios de sus señalamientos en la «mañanera», López Obrador acusó a Xóchitl de ser «la candidata de la mafia en el poder» y «la candidata de [Carlos] Salinas, [Vicente] Fox, Claudio

X. González y otros traficantes de influencias».
Con esto quería que la percepción pública que se
tenía de la hidalguense estuviera filtrada por este
discurso, que ha sido su bandera desde que él mismo fue candidato a la presidencia.

También señaló enérgicamente que tanto la
oposición como los medios de comunicación estaban «inflando» su nombre en las encuestas, las
cuales la posicionan en el puntero de los aspirantes del Frente Amplio por México (FAM).

Ante los constantes ataques en su contra desde Palacio Nacional, Xóchitl presentó dos quejas
contra López Obrador ante el INE. «Una cosa es
aguantar los chismes del presidente todas las mañanas... y otra muy distinta es tolerar la ilegalidad»,
escribió Xóchitl el 12 de julio en su cuenta de
Twitter, donde hizo públicas las denuncias.

En la primera, Xóchitl acusaba a López Obrador
de violar los principios de neutralidad, imparcia-
lidad y equidad de la contienda electoral rumbo a
2024. Ante esta cuestión, AMLO respondió ale-
gando lo siguiente:

Es muy injusto que el grupo de potentados que se sen-
tían dueños de México, con todo su dinero, con sus
medios de información, con sus intelectuales a sueldo,

estén lanzados en contra de nosotros y que las autoridades nos limiten nuestra libertad de manifestación,
de expresión, de réplica y el derecho a disentir.[2]

En la segunda, Xóchitl lo acusó de reproducir
patrones y estándares que colocan a las mujeres
siempre por debajo de los intereses y estrategias de
los hombres. Por ello denunció:

> En las conferencias mañaneras y en los mensajes de
> Twitter difundidos por el Gobierno Federal se sos-
> tuvo que mi camino está decidido por diversos hom-
> bres, que cualquier aspiración que pueda tener de-
> pende de lo que diga un grupo de hombres, y que me
> está «inflando» ese grupo de hombres, no la ciuda-
> danía ni mi trayectoria.

Con estas acciones, Xóchitl buscaba que el INE le
otorgara medidas cautelares para blindarse contra los ataques del presidente. Como era de espe-
rarse, AMLO reaccionó a esta denuncia desde su
tribuna diciendo que él no ofende a las mujeres.
Es más, durante la conferencia matutina del 12 de
julio, pidió que reprodujeran la canción «Pocas
como tú», del compositor tabasqueño Paco Solís.
Era un intento de demostrar a la sociedad que no
está en contra de las mujeres.

Dos días después volvió a traer el nombre de Xóchitl a la «mañanera». Ahora para exhibir los supuestos contratos que firmó con gobiernos anteriores a través de sus empresas, High Tech Services y Operación y Mantenimiento a Edificios Inteligentes (OMEI). Este fue otro intento de atacar su figura desde un nuevo flanco, su pasado como empresaria, para sembrar dudas sobre ella ante la sociedad.

Estos documentos también los tuiteó en su cuenta personal. «Esta es la información que recibí sobre los contratos de Xóchitl Gálvez por alrededor de 1 400 millones de pesos en nueve años».

En aquel documento no solo venían los supuestos montos de los contratos que se habían firmado con dependencias como la Secretaría de la Defensa Nacional (Sedena) o el Consejo de la Judicatura Federal, también se exhibían sus ingresos comerciales con firmas privadas, así como los nombres de los socios de la empresa. Entre ellos el de Diana, su hija, quien es socia y directora de High Tech Services.

En una revisión en CompraNet, la plataforma del gobierno donde publican todas las contrataciones de la administración en turno, está el registro de los contratos que varias dependencias del gobierno han hecho con las empresas High Tech Services y OMEI. En el análisis de los contratos se observa que entre 2002 y 2023 las empresas de Xóchitl Gálvez han obtenido un monto de 72.8 millones de pesos (en términos reales), como se puede ver en las tablas 7.1 y 7.2.

Sobre estas contrataciones, Xóchitl Gálvez ha reconocido que sus empresas están dadas de alta como proveedoras del gobierno, y señaló que ya era empresaria antes de ser funcionaria pública. «Hay que preocuparse mejor por los políticos que entran al gobierno y salen siendo empresarios».

La aspirante detalló que su compañía High Tech Services opera desde hace 31 años y se ha dedicado a dar servicio a quien la contrata. En el análisis de los contratos se lee que ha sido proveedora de los gobiernos de Vicente Fox, Felipe Calderón y el mismo Andrés Manuel López Obrador. Refiere la empresaria:

> Es tan chingona mi empresa que su gobierno la contrata. Porque para eso estoy, para dar servicios a quien me quiera contratar. Porque yo nunca he dado un «cochupo» ni nunca he dado un «moche» ni nada que se le parezca,

También defendió su postura al decir que son pocas las empresas en el país que se dedican a la consultoría y mantenimiento de edificios inteligentes.[3]

En ese sentido, Xóchitl ha explicado que en ningún momento ha existido un acto ilegal o conflicto de interés, ya que cuando fue funcionaria federal en el gobierno de Vicente Fox nunca firmó contratos con la CNDI, donde ella era la titular.

Cuando fue jefa delegacional en Miguel Hidalgo le prohibió a su hija Diana que firmara contratos con la administración pública a su cargo.

En la Plataforma Nacional de Transparencia (PNT), en donde están las contrataciones públicas de la Ciudad de México, solo aparece un contrato de la empresa High Tech Services, en 2019, con el Instituto de Vivienda de la Ciudad de México (INVI) por un servicio de consultoría para la migración de la base de datos de la dependencia.

Por eso, ante los cuestionamientos del presidente, Gálvez lo ha retado a que compruebe dónde está la ilegalidad en aquellos contratos.

Otro personaje que acusó a Xóchitl Gálvez por los recursos de su empresa es Víctor Hugo Romo, exalcalde de la Miguel Hidalgo, quien presentó una denuncia contra la aspirante en la Fiscalía General de Justicia de la Ciudad de México (FGJ) por presuntos actos de corrupción, enriquecimiento ilícito y tráfico de influencias durante su gestión como jefa delegacional.

Según Romo,[4] mientras Xóchitl estuvo a la cabeza de la delegación Miguel Hidalgo otorgó permisos a la empresa Symmetric Group Inmobiliario, la cual, «de manera tramposa», según el exalcalde, subcontrató a dos de sus empresas: High Tech Services y OMEI para hacer construcciones en la delegación, como los proyectos Distrito Polanco y One Marina Park. Lo cual —dijo— les dejó ganancias por unos 70 millones de pesos.

Sobre esta acusación, Xóchitl respondió que está a disposición de las autoridades, ya que —señaló— no hay «un solo expediente otorgado de manera indebida, yo no doy permisos, yo registro manifestaciones de obra».

———

El mismo día que AMLO presentó los documentos sobre las empresas de Gálvez, la Comisión de Quejas y Denuncias del INE le ordenó que se abstuviera de opinar sobre temas electorales y sobre los aspirantes presidenciables en las conferencias matutinas. Esto como respuesta a una de las quejas que presentó Xóchitl. Además, le solicitó bajar de internet el contenido de las conferencias del 3, 4, 5 y 7 de julio de 2023, donde mencionó a Gálvez.

No fue la primera vez que se le había pedido al gobierno bajar las grabaciones de las «mañaneras». En marzo de 2022[5] la solicitud se desencadenó por los momentos en los que AMLO habló sobre los logros de su administración en el programa de fertilizantes. Sin embargo, aquella ocasión fue diferente porque representó la primera victoria para Xóchitl en el *round* contra López Obrador, aunque no la definitiva.

El INE acordó desechar la queja por violencia política de género, ya que las y los consejeros electorales consideraron que los señalamientos que hizo el presidente fueron una «crítica dura, propia del debate político, y no un señalamiento por su condición de mujer».

La pugna entre Xóchitl y AMLO, sin embargo, no terminó ahí. Si bien López Obrador aceptó acatar la medida del INE, dijo que lo consideraba una violación a sus derechos y a su libertad de expresión. «¿Cómo no voy a advertirle a la gente que hay una pandilla de rufianes que quieren de nuevo tomar el gobierno para saquear y mantener en el abandono a la mayoría de los mexicanos?, ¿porque no lo voy a decir?».

Desde entonces se comenzaron a idear nuevas formas para seguir hablando de Xóchitl sin mencionarla directamente.

El 19 de julio de 2023 Ana Elizabeth García Vilchis, encargada de la sección «Quién es quién en las mentiras de la semana», se refirió por primera vez a la aspirante como la Señora X.

«Ahí está. INE, IFE, ya me di por notificado, no voy a decirlo yo. Bueno ahora lo vas a decir tú», dijo AMLO cediéndole la palabra antes de que Vilchis empezara a hablar.

La directora de redes de la Vocería de Presidencia dijo:

> Vamos a iniciar con algo bastante interesante, porque los publicistas de la Señora X difunden una encuesta que la pone por los cielos a solo un pasito del paraíso y todos los medios la difunden como un acontecimiento, cuando en realidad lo que esconden es que se trata de una estrategia publicitaria.

La estrategia de nombrarla como Señora X no solo hacía referencia a la primera letra de su nombre. Con ello también se busca relacionarla con el empresario Claudio Xoconostle González, uno de los grandes enemigos de López Obrador, quien ha sido acusado de operar para Carlos Salinas de Gortari y de ser uno de los máximos representantes de la denominada «mafia del poder» por el gobierno de la llamada «Cuarta Transformación».

Claudio X. González es fundador de la asociación Mexicanos Contra la Corrupción y la Impunidad e hijo del empresario y presidente de Kimberly Clark, Claudio X. González Laporte. En distintas ocasiones también ha revirado contra el presidente, acusándolo de populista, criticando a Morena y ganándose el desprecio del presidente.

A todo esto, ¿Xóchitl se ha reunido con Claudio X? En una entrevista reciente con el periodista Carlos Loret de Mola, Xóchitl comentó que, días atrás, se había encontrado al empresario en el restaurante Arturo's de Polanco. «Lo saludé. Me senté unos minutos con él. Estaba con María Amparo Casar. De hecho, trascendió que alguien me vio ahí, pero no estaba yo comiendo con él. Entré porque quería ir al baño».[6]

En consecuencia, Xóchitl utilizó a su favor el nuevo apodo para posicionar su imagen.

Un día después del nuevo ataque en su contra en Palacio Nacional escribió: «¿Qué significa para mí ser #LaSeñoraX?», acompañado de imágenes con las palabras «xingona», «xambeaodora», «luxona», «mexicana», e invitó a sus seguidores a seguirla con la descripción «Mujer de axión»;

«prexidenta», contestaron unos; «La señora foxista», escribieron otros. La publicación alcanzó los 40 000 «me gusta» y casi 12 000 retuits.

Ese mismo día, en otro tuit, Xóchitl compartió unas fotos suyas con una chamarra de cuero y lentes negros, haciendo referencia a la película *Terminator* y con la frase «Hasta la vista, #SeñorPG».

Ni Elon Musk, dueño de Twitter, se escapó de las ocurrencias de Xóchitl. A mediados de julio Musk anunció que la red social cambiaría de nombre y se transformaría en «X», como parte de una nueva estrategia de marca para que la plataforma integre en un futuro todos los servicios (audio, banca, mensajes e inteligencia artificial). Esa estrategia le caería como anillo al dedo a Xóchitl, pues la aspirante subió una foto de Musk en donde aparece con los brazos cruzados, haciendo una X, y la posteó en sus redes para burlarse de esta coincidencia. «Les presento al #SeñorX. Ya hasta @elonmusk es Xochitlover», tuiteó.

———

La disputa pública entre la Señora X y el Señor PG alcanzó un nuevo tono cuando periodistas como Raymundo Riva Palacio y Joaquín López-Dóriga difundieron en sus columnas la posibilidad de que Xóchitl Gálvez fuera víctima de un atentado que la sacara de la competencia electoral.

Incluso compararon esta posibilidad con lo ocurrido con Luis Donaldo Colosio en 1994, quien fue asesinado durante su campaña presidencial en Tijuana, Baja California. Ese asesinato conmocionó al país, pues las personas veían en él a una figura cercana al pueblo.

Días después del asesinato de Colosio, Ernesto Zedillo se destapó como el nuevo candidato del PRI a la presidencia del país en unas elecciones donde finalmente ganó. Muchos han llegado a señalar que el perfil de Colosio se asemeja al de Xóchitl por la popularidad que había ganado durante su gira por los distintos estados del país.

En su columna titulada «No queremos otro Colosio», Riva Palacio escribió[7] que «varios columnistas» habían observado esa vulnerabilidad de Xóchitl y le habían «sugerido» que tuviera más seguridad para protegerse. Según el periodista, Xóchitl podría ser víctima de un posible ataque «de un

grupo con fines políticos» o «del crimen organizado». Pero, según él, Xóchitl ya había vislum-
brado esa posible amenaza y había considerado
dejar de usar su bicicleta durante su campaña.

Estas teorías pronto empezaron a comentarse
en Palacio Nacional. López Obrador reprobó estos comentarios e hizo un llamado a la serenidad:
«Políticamente, no tendríamos ningún motivo
para agredir a nadie».

Para Xóchitl, ese llamado a la seguridad no era
genuino «si todos los días se provoca violencia
con la palabra», refiriéndose al «linchamiento público» del que era objeto desde hacía semanas
por parte del presidente.

En una de sus giras de precampaña aseguró
que no temía que la suya fuera una historia simi-
lar a la de Colosio:

No tengo miedo a un atentado, lo digo sinceramen-
te. Lo que me da temor es que alguien les haga daño
a mis hijos pensando que tengo dinero, esa es la pre-
ocupación que tengo, más bien que la gente crea que
somos megamillonarios, porque el presidente lo ha
dicho, y no. Somos una familia clase media alta, quizá, pero hasta ahí.

Finalmente, tras ser cuestionada en varias ocasiones durante las reuniones que ha sostenido con empresarios y simpatizantes, dijo que ella confiaba en el presidente, «en el sentido de que no le conviene que me pase nada. Vamos a tomar algunas previsiones, pero sin preocuparse».

———

El capítulo de la disputa entre López Obrador y Xóchitl Gálvez está lejos de terminar. El pasado 27 de julio la aspirante presentó una denuncia penal ante la Fiscalía General de la República (FGR) contra el presidente de la República por revelar información fiscal y bancaria de su empresa:

> El presidente hace pensar que facturar 1 400 millones de pesos es la utilidad. Obviamente, lo que estoy diciendo es que está lejos de haber ese dinero en mis cuentas, porque esas empresas, además, pagan sus impuestos y hacen todo legal. Él debió haber mandado al SAT a auditarme para ver si estaban en orden mis impuestos y no exhibir la información fiscal.[8]

Además, acusó que con esta información ponía en riesgo la seguridad de su familia. En una de sus giras por el país lo comentó así:

> Si alguien cree que tengo 1 400 millones de pesos en mi bolsa, es falso. Yo no los tengo, no los he ganado. Esa es la venta de dos empresas en diez años, pero el presidente hace creer a la gente que yo soy una bandida por ser una empresaria que genera.

Gálvez llegó en bicicleta este 31 de julio a las instalaciones de la FGR para solicitar el acceso a las carpetas de investigación que supuestamente hay en su contra por corrupción y tráfico de influencias, como han acusado tanto el presidente López Obrador como Víctor Hugo Romo.

Ese día Xóchitl comentó:

> Ya se da por hecho de qué se me acusa, que tengo enriquecimiento ilícito. Mejor prefiero venir a preguntar de qué se me acusa, tener acceso a las carpetas de investigación y poder presentar todas aquellas pruebas que la autoridad me pida, como los estados de cuenta.[9]

Hasta el 15 de agosto de 2023 no ha habido respuesta por parte de la FGR sobre las denuncias penales contra Xóchitl Gálvez, ni de las que ella presentó contra el presidente.

Tabla 7.1. Contrataciones públicas con la empresa High Tech Services entre 2002 y 2010* (pesos)

Dependencia	2022	2003	2005	2006	2008	2009	2010	Total
Banco Nacional de Comercio Exterior (Bancomext)	345 935			903 134				1 249 069
Colegio de Posgrados					2 057 696			2 057 696
Comisión Federal de Electricidad (CFE)						4 386 760	547 294	4 934 054
Comisión Nacional del Agua (Conagua)			1 737 383					1 737 383
Instituto Nacional de Investigaciones Forestales, Agrícolas y Pecuarias (Inifap)				2 549 018				2 549 018
Instituto Nacional de Migración (INM)		1 683 301	115 134					1 798 435
Lotería Nacional						1 957 504		1 957 504
Presidencia de la República						505 431		505 431
Total	345 935	1 683 301	1 852 517	3 452 152	2 057 696	6 849 695	547 294	16 788 590

Fuente: Análisis propio con información pública en CompraNet. Pesos en términos reales, 2023 = 100*.
No hay registros de contratos en 2004 y 2007.

TABLA 7.2. Contrataciones públicas con High Tech Services y OMEI entre 2011 y 2023* (pesos)

Dependencia	2011	2012	2013	2014	2015	2016	2017	2018	2019	2020	2022	2023	
Banobras										3 394 786	1 809 784	1 178 500	6 383 070
Comisión Federal de Electricidad (CFE)	5 137 823												5 137 823
Comisión Nacional del Agua (Conagua)		4 350 275	1 231 284										5 581 559
Colegio Superior Agropecuario del Estado de Guerrero			218 629	143 554	212 627	164 495	130 699	147 872					1 017 876
Fondo de Cultura Económica	508 610												508 610
Instituto Nacional de Transparencia, Acceso a la Información y Protección de Datos Personales (INAI)		182 153		13 795 974				4 705 096	4 721 542				23 404 765
Instituto Nacional para la Evaluación de la Educación (INEE)							1 819 417	2 314 520					4 133 937
Instituto Nacional de Neurología y Neurocirugía (INNN)										52 627			52 627
Instituto Mexicano del Seguro Social (IMSS)	4 224 049												4 224 049
Servicio Nacional de Sanidad, Inocuidad y Calidad Agroalimentaria (Senasica)							1 506 881	2 427 444	1 660 548				5 594 873
Total	9 870 482	4 532 428	1 449 913	13 939 528	212 627	164 495	3 456 997	9 594 932	6 382 090	3 447 413	1 809 784	1 178 500	56 039 188

FUENTE: Análisis propio con información pública en CompraNet. Pesos en términos reales, 2023 = 100 *.
No hay registros de contratos en 2021.

8

EL CAMINO PRESIDENCIAL

Dicen que en la política no hay sorpresas, sino sorprendidos. Y Xóchitl dejó boquiabierto a más de uno.

No asombra su figura disruptiva, pero sí que haya descarrilado las encuestas y se convirtiera en pocas semanas en la nueva *rockstar* de la próxima contienda electoral por la presidencia de 2024. O como dice ella: en el *crush* del presidente. «Hay veces que yo también me sorprendo»,[1] expresó la aspirante.

Más allá de analizar si su personaje se va a desinflar mediáticamente o no, o si es la alternativa con más fuerza para los planes electorales de la oposición, los más de 96 millones de mexicanos[2] y mexicanas inscritos en el padrón electoral están a la espera de una agenda política que sea más fuerte que su popularidad.

En sus giras de precampaña por los distintos estados del país ya mostró algunas de las cartas que le tocará defender más adelante frente a sus posibles rivales. No asombra que su propuesta incluya a las comunidades indígenas y que apueste con fuerza por la innovación tecnológica.

A pesar de sus desencuentros con Andrés Manuel López Obrador, Xóchitl ha defendido los programas sociales impulsados desde la gestión del presidente. Incluso ha comentado que, de llegar a la presidencia, reforzaría el programa Jóvenes Construyendo el Futuro con habilidades tecnológicas, y al de adultos mayores le sumaría la entrega de medicamentos y contemplaría otros apoyos, como operaciones de cataratas, prótesis dentales y aparatos auditivos.[3]

Xóchitl también ha elogiado algunos de los megaproyectos de este sexenio, como el del tren en la península del sur del país, y ha señalado su potencial para la economía local y nacional:

El transístmico y una parte del Tren Maya me parecen superadecuados. La parte que cruza Oaxaca y que llega a Mérida me parece extraordinaria, porque puedes traer productos de Asia; los puedes desarrollar con mano de obra hacia la península de Yucatán.

Aunque también ha criticado la construcción del tramo cuatro y cinco del Tren Maya, ya que ha significado un «ecocidio» por los daños ambientales que se han provocado, entre ellos la deforestación, el daño a los mantos acuíferos y la amenaza a las especies que habitan en las zonas por donde pasará el convoy.

Sobre el Aeropuerto Internacional Felipe Ángeles (AIFA), el proyecto que inició en octubre de 2019 y se inauguró 884 días después, reconoce que «no es una porquería», como muchos dicen, pero está lejos de tener el impacto que tiene el Aeropuerto Internacional de la Ciudad de México (AICM), porque el de Santa Lucía es un aeropuerto regional y, en cambio, el AICM necesita una reingeniería urgente para que pueda seguir siendo funcional y con estándares de excelencia, como se espera del mayor puerto aéreo del país.

Pero entre las desazones que le ha provocado la agenda lopezobradorista, se encuentra la defensa del uso de los combustibles fósiles, culpables de los gases de efecto invernadero y, por tanto, del calentamiento global.

Xóchitl tiene claro que la crisis climática es uno de los temas urgentes que se deben atender no solo en el país, sino en el mundo entero, ya que de este tema depende en gran medida el equilibrio del ecosistema global. Ella dice que nunca habría aprobado la construcción de un proyecto como el de la refinería de Dos Bocas, en Tabasco. «No hay cosa más absurda que seguirles apostando a los combustibles fósiles cuando el futuro del mundo son las energías limpias».[4]

En un video que publicó desde su cuenta de Twitter (@XochitlGalvez) a principios de 2022, la entonces senadora criticó al gobierno del presidente López Obrador por su «inexistente» lucha contra el cambio climático. También planteó que una de las grandes repercusiones de la crisis climática en México eran las sequías prolongadas en el país, lo cual tendría un impacto negativo —tal vez irreversible— sobre la agricultura y el suministro de agua a las ciudades.

Meses después se prendieron las alertas en distintos estados del país por la escasez hídrica en las principales presas nacionales, ocasionada por la falta de lluvias.

Además de criticar la refinería de Dos Bocas, en Tabasco, una de las megaobras más emblemáticas de la administración de López Obrador, Xóchitl lanzó una alternativa a este tipo de energías no renovables, lo que parece anunciar su posición respecto a su plan energético:

> En lugar de gastar el dinero para comprarle a Iberdrola sus plantas, debimos haber invertido en líneas de transmisión [eléctrica], y que el sector privado vendiera energía barata, pero el presidente tiene animadversión contra el sector privado.

———

En materia de seguridad, la postura de Xóchitl Gálvez parece estar muy bien definida: no apoya la militarización del país.

De hecho, ha sido un tema que reprobó enérgicamente desde su escaño en el Senado, cuando se aprobó el proyecto presidencial de AMLO de extender la presencia de la Guardia Nacional en las tareas de seguridad pública hasta 2028; es decir, se opuso a un proyecto que alargaba la presencia del Ejército en las calles cuatro años más de lo que originalmente estaba planeado.

En su intervención en el Senado, en aquella discusión donde ella votó en contra, puso en claro esta postura:

> En el momento de mayor filtración de la historia, sobre la actuación del Ejército, sobre el espionaje de periodistas, sobre la criminalización de las mujeres, sobre los negocios, los privilegios, los fueros, los abusos, entregan la libertad de todos por su impúdica impunidad. Lo digo claramente: los que no tengan valor o tengan la «cola larga» váyanse a su casa que aquí tenemos un país que salvar. Por eso mi voto será en contra, porque soy una mujer valiente, porque estoy del lado de las libertades y, sobre todo, porque no tengo «cola que me pisen».[5]

Ahora, como aspirante, su opinión sobre el Ejército no ha cambiado. Ella misma ha referido en varias entrevistas que su hermano, Jaime Xicoténcatl Gálvez Ruiz, es coronel del Ejército mexicano. Pero siempre echa por delante lo que piensa sobre el tema, que «los militares están entrenados para enfrentar guerras. Entonces, ha habido casos donde se han excedido, y los pobres acaban en la cárcel».

Xóchitl también se ha posicionado en contra de la estrategia de seguridad de López Obrador que él mismo bautizó con el eslogan de «abrazos y no balazos». En su plan —dice ella— no están contemplados los abrazos, porque esa política resultó ser un fracaso y prueba de ello es la violencia que azota actualmente al país.

Una de sus apuestas podría ser un mayor presupuesto a los policías municipales, ya que es un área que se conecta directamente con la ciudadanía. Su plan sería disminuir el poder de los cuarteles.

La senadora panista incluso ha presumido de tener los «ovarios suficientes»[6] para combatir el crimen organizado.

Así como también ha sabido reconocer lo que ella considera como aciertos del gobierno de López Obrador, también lo ha hecho con otras administraciones. Durante una gira en Guanajuato, el 1.º de agosto de 2023, la aspirante de la oposición aceptó que hubo «experiencias exitosas» en el sexenio de Felipe Calderón, el cual quedó marcado por su fallida estrategia contra el narcotráfico que provocó miles de muertes y desapariciones en el país. Un ejemplo de esas prácticas es la creación de la Policía Federal, institución que desapareció con la creación de la Guardia Nacional y que en sus 12 años de existencia arrastró con un negro historial de corrupción. «Antes, al menos la Policía Federal te paraba en las carreteras; los veías. Hoy la Guardia Nacional no existe», aseguró.

Quizá sea uno de los puntos más debatibles de sus últimos discursos. Incluso algunos titulares de la prensa empezaron a cuestionar si con ella habría una nueva «guerra contra el narco». Aunque hasta ahora no ha dejado clara su estrategia de seguridad.

Obviamente lo que más se le critica a Calderón es la rapidez con la que quiso enfrentar sin tener la estrategia terminada, pero pasó lo mismo con este gobierno y la consecuencia es que hay 160 mil personas asesinadas y, por más que nos quiera comparar con la incidencia delictiva pasada, no hay manera.[7]

Aunque fue su jefe y el primero en invitarla a su gabinete presidencial, Xóchitl también juzgó que la gran deuda del gobierno de Vicente Fox fue no haber atacado la corrupción de frente.

A mí me parece que haberle perdonado el *Pemexgate* al PRI no fue del todo positivo. Creo que se debió haber enviado un mensaje de combate frontal a la corrupción, porque estoy segura de que el cáncer de nuestro país es ese.

Sobre Fox también ha dicho —entre risas— que lo mejor es que le quiten Twitter. Esto después de que el expresidente reposteara una publicación despectiva sobre los orígenes de las «corcholatas» de Morena, enfocándose especialmente en la ascendencia judía de Claudia Sheinbaum. Algo que de inmediato condenó: «Nuestro país es grande porque somos una nación pluricultural. Todos quienes hemos nacido aquí, más allá de nuestra ascendencia, somos mexicanos», expresó Xóchitl y exhortó a que ya no haya más odio ni división entre los mexicanos.

———

Como parte de su agenda, Xóchitl Gálvez no duda en autonombrarse como feminista, aunque a veces titubea, porque dice que ese término lo aprendió en la Ciudad de México, cuando ya era adulta y después de haberse identificado como marxista o trotskista.

Por lo que ha dicho hasta ahora en sus declaraciones, ella apoya las causas de las mujeres indígenas y está a favor de regresar el programa de las estancias infantiles, el de las escuelas de tiempo completo y el de los refugios que amparan a las mujeres violentadas, programas que —según su

opinión— fueron abandonados en la administración actual y que representan grandes conquistas
en la lucha feminista del país.

El año pasado, en su pódcast *Xóchitl Gálvez.
Rebelde con causas*, dedicó dos episodios para
hablar del 8 de marzo, Día Internacional de la Mujer, y explicó por qué muchas mujeres mexicanas
salían a las calles a marchar en esa fecha:[8]

> En un país donde el 97% de las mujeres se siente in-
> segura, tiene miedo de salir a la calle porque puede
> sufrir violencia, porque puede ser asesinada, porque
> puede ser violada [...] violentada dentro de su hogar
> —que debería ser el espacio más seguro para ella—,
> algo está mal, y eso es lo que tenemos que entender [...]
>
> Por eso creo que el presidente de la República
> tiene que reconocer que [el suyo] no es el gobierno
> más feminista de la historia. Han llegado ahora nue-
> ve mujeres a ser gobernadoras en sus estados y no se
> nota una reducción en los niveles de violencia, no
> disminuyen los feminicidios, no estamos haciendo
> políticas públicas contundentes.

Desde que se convirtió en senadora, Xóchitl ha
mantenido una postura crítica contra el presidente en relación con este tema. En uno de sus informes matutinos de 2021, AMLO acusó a los gru-

pos feministas de querer afectar a su gobierno con las protestas que hacían frente a Palacio Nacional para exigir un alto a la violencia feminicida en el país. Estas declaraciones causaron un profundo descontento entre las feministas mexicanas.

Aquella mañana el presidente manifestó un desconocimiento social al expresar que aquel movimiento tenía únicamente dos años de existencia, es decir, anulaba decenas de años de manifestaciones y luchas feministas:

> Hay que ver qué es lo que está detrás, porque hace unos dos años, cuando empezó el movimiento feminista, muchas mujeres participaron, pero se empezaron a dar cuenta de que se habían convertido en feministas conservadoras solo para afectarnos a nosotros, solo con ese propósito.[9]

Xóchitl Gálvez no solo ha dialogado con políticos y empresarios en sus giras de campaña. En Sonora se reunió con el Colectivo Madres Buscadoras, un grupo que surgió en 2019, integrado por decenas de mujeres que se han dado a la tarea de buscar a sus familiares desaparecidos ante la falta de respuesta de las autoridades. Vivimos en un país donde hay casi 3 000 fosas clandestinas y se desconoce el paradero de más de 110 000 personas.

Este colectivo de mujeres incluso invitó en julio de 2023 al presidente López Obrador a las jornadas de búsqueda para que se solidarizara con ellas, ya que señalan que su gobierno ha dejado de escucharlas. Esto después de que el mandatario acusara que muchos de sus casos son utilizados con fines «politiqueros» para atacar a su gobierno.[10]

———

La mujer señalada de tener a un hombre detrás de su campaña es la misma que de joven enfrentó la misoginia y la violencia de su papá en su propio hogar.

Una de las primeras ingenieras y empresarias en abrirse paso en el campo de la tecnología hasta llegar a Suiza.

Xóchitl también es la primera política que confronta directamente al «machista de Palacio Nacional» y, probablemente, es la única panista en apoyar abiertamente el aborto y la diversidad sexual de la comunidad LGBT, causas que la colocan como una aspirante progresista y que incomoda a la ultraderecha más conservadora del país.

En su plan económico y exterior, uno de los más esperados por el sector empresarial, destaca el apoyo al *nearshoring* o relocalización, una estrategia mediante la cual las empresas trasladan su producción a lugares cercanos al mercado donde venden sus productos. Esto con el objetivo de reducir sus costos de transporte y manufactura.

La Secretaría de Economía señaló en 2022 que unas 400 empresas tenían el interés de instalarse en México, sobre todo las del mercado asiático. Este plan podría atraer inicialmente alrededor de 35 000 millones de dólares, según las estimaciones del Banco Interamericano de Desarrollo (BID).

El reto de los gobiernos está en darles certidumbre a esas compañías para que puedan instalarse en nuestro país con la infraestructura necesaria para facilitar su logística en transporte, sobre todo en los puertos marítimos y terrestres.

Con la reubicación de empresas, el *nearshoring* es una gran oportunidad para México, ya que puede generar mucha más mano de obra. El *nearshoring* no debe quedarse solo en el norte del país, puede darse en el sureste de México, donde debemos crear más infraestructura e invertir en capital humano para que no solo sean fábricas. Muchas empresas que están viniendo de países asiáticos son empresas de tecnología. Por lo tanto, debemos invertir en un programa para que los jóvenes y las mujeres mexicanas estudien ingenierías y carreras técnicas.[11]

———

Como ocurrió con sus declaraciones sobre los programas sociales de AMLO, algunas de las opiniones que ha dado en sus distintas giras por el país también fueron sacadas de contexto. A finales de julio de 2023 circularon algunos videos de ella en donde supuestamente decía que iba a desaparecer el seguro social y sería responsabilidad de las y los mexicanos pagar por uno privado.

Aquellas declaraciones se dieron en una gira que hizo en el estado de Chihuahua. Ahí, un reportero le preguntó si ella regresaría las pensiones a los expresidentes, así como los seguros de gastos médicos mayores, uno de los beneficios que se retiraron de la función pública con la llegada de López Obrador, como parte de su política de austeridad. En aquel mitin, Xóchitl dijo que se trataba de un «tema que hay que estudiar» y que ella creía que los seguros de gastos médicos debían ser pagados de la bolsa de los funcionarios que así lo quisieran. Después dijo:

Por ejemplo, el seguro que yo pago cuesta 130 000 pesos mensuales, que, por cierto, lo he pagado siempre, aun estando fuera del gobierno, pero si ese seguro lo contratara en un paquete de 300 000 empleados, a lo mejor podría costar 70 000 pesos. A lo mejor el gobierno podría licitar ese paquete de seguro para todos, pero que lo pagaran los empleados.[12]

Con respecto a las pensiones de los expresidentes, Xóchitl comentó que López Obrador sí la va a necesitar, porque no sabe «de qué va a trabajar», nunca le ha visto un ingreso.

———

Otra de las situaciones que situaron a Xóchitl en el escrutinio público, desde que contendió por la entonces delegación Miguel Hidalgo en 2015, fue el caso de Jaqueline Malinali, su hermana, quien está presa en Santa Martha Acatitla desde 2012, en espera de una sentencia. Este caso volvió a salir a la luz ahora que busca ser la próxima presidenta del país.

A Malinali se le vincula puntualmente con un grupo criminal que operaba en el Valle de México conocido como los Tolmex. Según el periódico *El Financiero,* esa banda operaba en el Valle de México y era señalada de encerrar a sus víctimas en jaulas, además de mutilarlas para extorsionar a las familias y así conseguir el pago del rescate.

Entre los integrantes de la banda se encontraba Malinali, la hermana menor de Xóchitl, quien supuestamente era la encargada de conseguir a las víctimas. Algo que no se ha comprobado hasta ahora. Desde que está presa, Xóchitl ha dicho que ha ido a visitar a su hermana casi cada 15 días, lo que también le permitió conocer el rostro más crudo del sistema penitenciario.

La senadora aseguró en una entrevista[13] con el periodista Ciro Gómez Leyva que el caso de Malinali es uno de los que tomó como referencia el exministro presidente de la SCJN, Arturo Zaldívar, para señalar que la prisión preventiva oficiosa viola los derechos humanos de miles de mexicanos que van a la cárcel acusados y pasan años sin recibir sentencia.

La aspirante dijo que en los últimos años algunos testigos señalan que Malinali no estuvo involucrada en los casos de secuestro de los que se le acusa. Según Xóchitl, Mali fue torturada por la extinta Policía Federal para «fabricarle» una confesión.

El 27 de junio de 2023, en entrevista con Adela Micha, se refirió al caso de su hermana:

Ahora se acaba de dar a conocer que fue torturada por García Luna. Ya tengo el documento en donde la Comisión de Derechos Humanos reconoce que fue torturada. Le aplicaron el protocolo de Estambul, y fue víctima de tortura; 11 años en la cárcel. No sé si sea culpable o inocente, porque yo no soy el juez.

Este ha sido uno de los capítulos más dolorosos en su vida, como ella misma ha dicho. «Una historia durísima para mí, porque yo no tengo nada que ver en el posible delito». No solo se trata de un pasado que marcó su vida, sino también de un hecho que marcó su trayectoria política, pues llegaban a decirle que la suya era una familia de secuestradores.

En aquella entrevista con Adela también reveló que desde que detuvieron a su hermana se quedó a cargo de sus hijas: dos ingenieras que trabajan en la empresa familiar. «Hice lo posible para que la historia no se repitiera. Si ella cometió un error, lo ha pagado con creces; si no lo cometió y el Estado la encarceló injustamente, lo tendrán que decidir».

El pasado de su hermana también ha sido utilizado por sus críticos para acusarla, aunque a ella no le avergüenza esa historia. «Si no hizo algo indebido me solidarizaré con ella, cañón, porque la quiero; es mi hermana. Además, las dos venimos de la misma violencia, las dos venimos de un entorno complejo, no todo mundo tiene la posibilidad de procesar estas cosas».

9
LA INVITADA SORPRESA

Xóchitl se metió en la contienda electoral de 2024 buscando cobre y encontró oro. La senadora que llegó en bici a tocar las puertas de Palacio Nacional aquel histórico 27 de junio de 2023 se visualizó en el futuro con la banda presidencial y una sonrisa en el rostro, tras recibirla de manos de AMLO. Si voltea hacia atrás, sabe bien que la distancia que recorrió desde Tepa a la Ciudad de México fue más larga que la que ahora representa llegar a la presidencia del país, con su experiencia política a cuestas y el apoyo que encontró en el camino.

En el caso hipotético y muy posible de que sea la candidata oficial de la oposición, le gustaría com-

petir con el partido gobernante: contra Claudia
Sheinbaum, «porque habría tiro mujer-mujer y
próxima presidenta de México [...][1] por diversión,
porque, además de inteligente, Ebrard tiene sentido
del humor». ¿Y con Adán Augusto? «Como que
se volvió muy enojón». Pero en realidad —dijo—
con quien le pongan, ella va.

Xóchitl ya logró entrar como torbellino a las
casas de miles de personas que le abrieron las puertas después del «portazo» de Palacio Nacional.
Ahora buscará que los partidos del Frente Amplio
por México no le «cierren la puerta en la cara» ni
la abandonen, como lo hicieron en el pasado con
Ricardo Anaya, el último candidato del PAN en las
elecciones de 2018.

En la actual contienda, la oposición no parece
tener otra opción más que impulsarla. Si alguien
puede convencer a los morenistas de no votar por
su partido y sí por ella, así como persuadir a los de
Movimiento Ciudadano para que sumen fuerzas
y se unan al frente opositor, es Xóchitl.

Su carta de presentación es un comodín que en-
caja en todas las cartas políticas. Coquetea con la
base electoral de Morena por la simpatía y carisma
que levanta. Seduce a las voces más críticas de
la derecha, porque la de ella no refleja la cara más
conservadora del PRIAN. Además, podría atraer a

los votantes indecisos que hasta ahora no encontraban un perfil con el que se identificaran.

Pero el principal adversario de la Señora X no será la «corcholata» ganadora de Morena, ni siquiera los competidores internos del PRIAN; el gran enemigo a vencer será el mismo hombre que la colocó en el mapa electoral, casi por accidente, y que terminó siendo su jefe de campaña no oficial: el Señor PG.

La invitada sorpresa de las elecciones solo necesitó tres semanas para reunir 350 000 firmas de la ciudadanía que respalda su candidatura para convertirse en la primera presidenta de México, superando las 150 000 que necesitaba para avanzar en el tablero electoral como representante de la oposición.

Sus simpatizantes solo esperan que no vaya a hacer alguna «cruzazuleada» y logre detener los «pelotazos» que le avientan desde la «cancha» presidencial. Aunque no será fácil debido al aparato morenista que busca encontrar alguna falla «hasta por debajo de las piedras», y que controla a la mayoría en el Congreso del país.

Actualmente ya se están trazando los posibles escenarios a los que se enfrentará Xóchitl Gálvez en caso de que su nombre aparezca en la boleta electoral. Las elecciones de 2024 apuntan a estar marcadas por la violencia política, agravada por la incertidumbre en el panorama, la debilidad institucional y los ataques de AMLO en contra del INE, de acuerdo con un análisis elaborado por la organización Armed Conflict Location & Event Data Project (ACLED), la cual se especializa en proyectar los posibles escenarios de conflictos a nivel global.

Los datos recientes muestran lo que podría suceder a partir de las elecciones. Tan solo en las elecciones federales de 2021, cuando se renovaron más de 21 000 cargos públicos, se registraron 90 asesinatos y 693 agresiones contra políticos, lo cual la convirtió en la jornada electoral más violenta desde el año 2000.[2]

Una clave importante que impactará en esta contienda electoral está relacionada con las reformas que se hicieron al INE durante el actual gobierno y con los constantes ataques del presidente López Obrador en contra de la institución, ya que los recortes presupuestarios y de personal del órgano electoral son «terreno fértil para el descontento».

Pero sin llegar aún a las campañas oficiales de las figuras presidenciables para 2024, los desafíos que se avecinan en el camino de Xóchitl se han ido enlistando conforme llega el gran día de la sucesión presidencial.

El fantasma del desafuero

El primer panorama que se dibujó en voz de las y los analistas políticos fue el de un posible desafuero que recuerda al que Andrés Manuel López Obrador enfrentó precisamente durante el gobierno de Vicente Fox; dicha estrategia metió a Xóchitl en la contienda electoral por la presidencia de México.

El actual presidente no olvida aquel 7 de abril de 2005, cuando se presentó en la Cámara de Diputados, como jefe de Gobierno del entonces Distrito Federal, y los legisladores votaron por mayoría a favor de su desafuero. ¿De qué lo acusaban? De que su gobierno había violado la orden judicial de no construir un camino que comunicaba una avenida con un hospital, un señalamiento que para muchos fue el pretexto para sacarlo de las elecciones de 2006.

Fue el expresidente Vicente Fox quien solicitó un juicio de desafuero al Congreso para que López Obrador diera la cara por sus presuntas responsabilidades. Este fue uno de los procesos legales más polémicos en la historia de la política del país que quedó plasmado en una escena que conmocionó a la nación.

El día del desafuero miles de personas se dieron cita en el Zócalo capitalino para mostrarle su apoyo y protestar contra la maquinaria que le había arrebatado a su candidato de izquierda.

Por eso, muchos ven varias semejanzas entre la figura que hoy representa Xóchitl Gálvez en la contienda y la de López Obrador en la era foxista, cuando su popularidad representaba una amenaza para una derecha que recién le había quitado el triunfo al viejo PRI.

Xóchitl encarna ese mismo riesgo para el partido del hombre que fue expulsado arbitrariamente de la carrera presidencial hace 18 años, aunque él ha negado que quiera repetir esa historia con Gálvez. El pasado 28 de julio de 2023 se manifestó al respecto:

> Yo no voy a hacer eso, nunca lo haría. No soy igual que él y otros perversos del conservadurismo. Yo soy partidario de las libertades, yo padecí de un desafuero, ¿cómo voy a hacer lo mismo que me hicieron a mí? ¿Quién me desaforó? Pues el PRIAN.[3]

«Aunque ganas no le faltan», ha señalado Xóchitl. Y es que todo parece indicar que el mandatario también está liderando una campaña de desprestigio en su contra, de la mano de Morena, mediante acusaciones y señalamientos que podrían orillarla a retirarse de la contienda presidencial.

AMLO vs. Xóchitl

A Xóchitl no solo le han llovido las críticas desde Palacio Nacional, también está acumulando denuncias como la que interpuso en su contra el diputado de Morena Alejandro Robles el 17 de julio de 2023 ante la FGR y la Unidad de Inteligencia Financiera (UIF) por «enriquecimiento al amparo del poder público y lavado de dinero», es decir, fue acusada de «echar mano de una ingeniería financiera que le permitió amasar su fortuna, evadir impuestos y lavar dinero».

También enfrenta otras acusaciones del exalcalde de la Miguel Hidalgo Víctor Hugo Romo por tráfico de influencias y enriquecimiento ilícito. Él fue asesor de la exjefa de Gobierno, Claudia Sheinbaum.

Xóchitl es consciente de la jugada que se está fabricando desde Palacio Nacional en su contra. En una entrevista con la revista *Expansión*, dos días después de la denuncia de Robles, declaró lo siguiente:[4]

Él [López Obrador] lo que quiere es destruirme y quizá ya lo hubiera logrado con una mujer más débil. Quizá ya lo hubiera logrado con una mujer que no tenga el temple, la experiencia, el conocimiento

y la fortaleza que tengo. Él lo que quiere es fulmi-
narme. Él lo que quiere es que yo psicológicamente
reviente, pero lo único que ha logrado o lo que han
logrado muchos hombres como él —machos y misó-
ginos que me he encontrado en mi vida— es hacerme
más fuerte. Lo va a lograr el presidente: me va a hacer
una coraza como la de una tortuga, tan fuerte que no
se imagina con sus ataques lo que yo estoy creciendo.[5]

La riña entre Xóchitl y el presidente parece no
tener fin. El 3 de agosto de 2023 el Tribunal
Electoral resolvió que las declaraciones de López
Obrador sí pudieron representar violencia política por razón de género contra Gálvez y le solicitó
al INE acatar nuevas medidas sobre la denuncia que
presentó la aspirante.

Un fallo que disgustó al presidente:

No hablo de la señora [Xóchitl] si lo prohíben; nada
más que va a seguir quedando en evidencia que ese
tribunal está vendido o alquilado. Es realmente contrario a la libertad. Les decía que es una violación
flagrante a las libertades. ¿Cómo se va a silenciar a
las personas?

Un día después el INE le ordenó[6] al presidente frenar cualquier tipo de declaración y manifestación

contra Xóchitl. La presidenta de la Comisión de Quejas y Denuncias, Claudia Zavala, señaló que se debe tener tolerancia cero con la violencia política hacia las mujeres, incluyendo la invisibilización de su trayectoria.

Este sería otro triunfo para Xóchitl. Aunque los ataques en su contra apenas comienzan y marcan el inicio de lo que será el escenario de cara a las elecciones entre la aspirante de la oposición y el real adversario: López Obrador.

El blindaje de su campaña

Algunos analistas políticos aún debaten si Xóchitl Gálvez tendrá la tripa para aguantar a aquel aparato que busca descarrilarla. O si terminará apartándose del panorama político, como lo hizo en 2010, cuando perdió las elecciones en Hidalgo.

Otros más, entre ellos su familia, están preocupados por la seguridad de Xóchitl, pues hasta ahora es una aspirante que se mueve en bici en cada estado al que llega y parece no estar preocupada por las amenazas que rodean a cualquier político en campaña. «"Cuídate, Xóchitl", me dicen dos de cada cinco personas con las que hablo», comentó Gálvez en una entrevista.

Al finalizar este libro (el 15 de agosto de 2023) todavía no se ha definido si Xóchitl será el rostro de la oposición, aunque la efervescencia de su popularidad apunta a que sí. Hasta este momento había avanzado a la segunda etapa para la selección de quién representará al Frente junto con Beatriz Paredes y Santiago Creel.

En las últimas encuestas elaboradas por *El Financiero* y *El Universal*, Xóchitl se mantenía con el 38% de las preferencias para representar al Frente, en comparación con el 25% de Santiago Creel y el 18% de Beatriz Paredes. Mientras tanto en Morena se colocaba a Sheinbaum como la candidata favorita entre las «corcholatas» con el 32% del respaldo, frente al 22% de Marcelo Ebrard y el 12% de Adán Augusto. Así, todo apuntaba a que Xóchitl y Sheinbaum serían las posibles candidatas en las próximas elecciones del país que podrían darle a México su primera presidenta mujer.[7]

Busqué a Xóchitl la primera semana de julio cuando recién empezaba a investigar su vida. No tuve respuesta. No fue tan difícil juntar las piezas de su rompecabezas. Su biografía es la misma que ha narrado desde que saltó a la fama por su trayectoria empresarial, cuando tenía apenas 32 años.

En uno de los episodios de Xóchitl en Spotify, que grabó cuando cumplió 60 años, narró que, cuando Bertha Ruiz, su mamá, llegó a la misma edad que ella pensó que su vida se había acabado. Curiosamente, su vida parece estar a punto de tomar un vuelo distinto. A su madre —y a su cordón umbilical enterrado en aquel cerro de Tepa— le debe la señal en forma de mariposa que encontró y que la impulsó a tomar la decisión de buscar ser la presidenta del país.

El día que visité a su familia en Tepa le pregunté a uno de sus sobrinos, antes de despedirme, si ya habían venido otras personas de fuera a entrevistarlos por la historia de su tía.

—Algunos pocos, con nuestro tío Vicente, sobre todo.

—Y espérate a que vengan si se convierte en la candidata. Todos los reflectores van a apuntar hacia Tepa.

—Ojalá y no —dice entre risas—. No nos gustaría.

Nadie esperaba este *boom*.

Es el fenómeno Xóchitl Gálvez.

NOTAS

Introducción

[1] A. Lisette, «AMLO acusa a Xóchitl Gálvez de representar a la oligarquía: "Es de la escuela de Fox"», *Infobae*. www.infobae.com/mexico/2023/06/29/amlo-acusa-a-xochitl-galvez-de-representar-a-la-oligarquia-viene-de-la-escuela-de-fox/ (consulta: 29 de enero de 2023).

[2] «Xóchitl Gálvez: ¿Qué fue exactamente lo que dijo sobre los programas sociales de AMLO?», *El Financiero*. www.elfinanciero.com.mx/nacional/2022/12/06/xochitl-galvez-que-fue-exactamente-lo-que-dijo-sobre-los-programas-sociales-de-amlo/ (consulta: 6 de diciembre de 2022).

[3] L. Arista, «AMLO, el "impulsor involuntario" de Xóchitl Gálvez rumbo al 2024», *Expansión Política*, 13 de julio de 2023. politica.expansion.mx/elecciones/2023/07/13/amlo-impulsor-involuntario-de-xochitl-galvez.

[4] *Expansión Política* (@ExpPolitica). Tuit, 8:42 am, 12 de junio de 2023. twitter.com/ExpPolitica/status/1668267449236 574209.

[5] «Xóchitl Gálvez para Presidenta de México», *change.org*, 12 de mayo de 2023. www.change.org/p/x%C3%B3chitl-g%C3%A1lvez- para-presidenta-de-m%C3%A9xico.

[6] A. Mulato, «Aspirante a la presidencia de México no lloró porque mandatario la atacó», *AP News*, 6 de junio de 2023. apnews.com/article/ap-verifica-011918538514.

[7] *Informe Movilidad Social 2019: Hacia la Igualdad Regional de Oportunidades del Centro de Estudios Espinosa Iglesias.* www.gob.mx/shcp%7Cgacetaeconomica/documentos/la-movilidad-social-en-mexico-aun-es-baja-para-el-segmento-mas-pobre-lo-que-se-acentua-en-la-region-sur-del-pais.

[8] Entrevista de Xóchitl Gálvez con Carlos Loret de Mola, *Latinus*. 5 de julio de 2023. www.youtube.com/watch?v=Rzn CkcakVhk.

[9] «"El machista de Palacio"; Xóchitl Gálvez responde a señalamientos de AMLO», *Aristegui Noticias*, 8 de julio de 2023. aristeguinoticias.com/0807/mexico/el-machista-de-palacio-xochitl-galvez-responde-a-senalamientos-de-amlo/.

[10] «Xóchitl Gálvez vende su departamento por una apuesta», *El Economista*, 20 de febrero de 2018. www.eleconomista.com.mx/politica/Xochitl-Galvez-vende-su-departamento-por-una-apuesta-20180220-0064.html.

I. Un lugar llamado Tepatepec

[1] «Hidalgo», *Cuéntame INEGI*. cuentame.inegi.org.mx/monografias/informacion/hgo/territorio/div_municipal.aspx.

[2] Entrevista de Xóchitl Gálvez con Gabriela Warkentin, *Gatopardo*, serie «Los presidenciables», 9 de julio de 2023. gatopardo.com/noticias-actuales/xochitl-galvez/.

[3] «1. ¿Quién soy? ¿De dónde vengo?», pódcast *Xóchitl Gálvez. Rebelde con causas*, septiembre de 2022. open.spotify.com/episode/6JBoqRUnbGzAtEb5uQ3N7W?si=d6f923a754ec4a10.

[4] «Tepatepec», *mipueblo.mx*.www.mipueblo.mx/13/775/tepatepec.

[5] «Toma de protesta del Patronato del Centro de Integración Juvenil Pachuca», www.gob.mx/salud/cij/es/articulos/firma-convenio-fundacion-pachuca-y-cij.

[6] «Xóchitl Gálvez, una historia de violencia intrafamiliar», *Proceso*. 27 de enero de 2010. www.proceso.com.mx/nacional/2010/1/27/xochitl-galvez-una-historia-de-violencia-intrafamiliar-11635.html.

[7] Cita retomada de Katia D'Artigues, *El gabinetazo*, México: Grijalbo, 2002.

[8] *Idem.*

[9] Entrevista de Xóchitl Gálvez con Adela Micha, *La Saga*, 27 de junio de 2023. www.youtube.com/watch?v=oI7nuDg_7Pg&t= 452s.

[10] «Con los tamales no: 6 de cada 10 reprueba críticas de AMLO a pasado de Xóchitl Gálvez», *El Financiero*, 18 de julio de 2023. www.elfinanciero.com.mx/nacional/2023/07/18/con-los-tamales-no-6-de-cada-10-reprueba-criticas-de-amlo-a-pasado-de-xochitl-galvez/.

[11] Entrevista de Xóchitl Gálvez con Mónica Garza, *El nido de la Garza*, 13 de julio de 2023. www.youtube.com/watch?v=9YffN8by7ZM&t=1720s.

[12] «19. Mi historia (Parte 2)», pódcast *Xóchitl Gálvez. Rebelde con causas*, enero de 2023. open.spotify.com/episode/6cHAgPYSctg5FZyfkGyz4b?si=6efbd4d38d974881.

[13] Entrevista de Xóchitl Gálvez con Adela Micha, *La Saga*, 27 de junio de 2023. www.youtube.com/watch?v=oI7nuDg_7Pg&t=452s.

[14] D. Pastrana, y A. Cano, «El Mexe a muchas voces», *La Jornada*, 27 de febrero de 2000. www.jornada.com.mx/2000/02/27/mas-mexe.html.

[15] Cita retomada de Katia D'Artigues, *El gabinetazo*, México: Grijalbo, 2002.

[16] «Xóchitl Gálvez, una historia de violencia intrafamiliar», *Proceso*, 27 de enero de 2010. www.proceso.com.mx/nacional/2010/1/27/xochitl-galvez-una-historia-de-violencia-intrafamiliar-11635.html.

2. Las famosas gelatinas

[1] Entrevista de Xóchitl Gálvez con Adela Micha, *La Saga*, 27 de junio de 2023. www.youtube.com/watch?v=oI7nuDg_7Pg&t=452s.

3. Una rebelde con causa

[1] «18. Mi historia (parte 1)», pódcast *Xóchitl Gálvez. Rebelde con causas*, diciembre de 2022. open.spotify.com/episode/5SBnd98TJADOckQZPzUg9N?si=32f21ff2e78f46f9.

[2] «Xóchitl Gálvez: Viví la violencia de género y voy a combatirla», *Cima Noticias*, 26 de enero de 2010. cimacnoticias.com.mx/noticia/xochitl-galvez-vivi-la-violencia-de-genero-y-voy-a-combatirla/.

[3] «22. Mi historia (parte 4)», pódcast *Xóchitl Gálvez. Rebelde con causas*, enero de 2022. open.spotify.com/episode/6O6baAKOzPMPFIQa2w8B6K?si=36e4486e09a24add.

[4] Entrevista de Xóchitl Gálvez con Adela Micha, *La Saga*, 27 de junio de 2023. www.youtube.com/watch?v=oI7nuDg_7Pg&t=452s.

[5] «22. Mi historia (parte 4)», pódcast *Xóchitl Gálvez. Rebelde con causas*, enero de 2023. open.spotify.com/episode/6O6baAKOzPMPFIQa2w8B6K?si=36e4486e09a24add.

[6] Entrevista de Xóchitl Gálvez con Ramón Alberto Garza, *Código Magenta*, 13 de julio 2023. www.youtube.com/watch?v=YW2YXKd3G2Q.

[7] Entrevista de Xóchitl Gálvez con Nacho Lozano, *Imagen Televisión*, 14 de julio de 2023. www.youtube.com/watch?v= RQAubXRCu4w.

[8] Entrevista de Xóchitl Gálvez con Pamela Cerdeira, «¿Cuál es tu juego?», 16 de julio de 2023. www.youtube.com/watch?v= LNhz-S4hqOk&t=401s.

[9] Cita retomada de Katia D'Artigues, *El gabinetazo*, México: Grijalbo, 2002.

[10] Xóchitl Gálvez, «Triunfar sin olvidarte de mis raíces», *TE- DxPaseoDeLasTorres* (TEDx Talks), Centro de Negocio de Pa- chuca, enero de 2019. www.youtube.com/watch?v=ztQyc63-nis.

[11] Cita retomada de Katia D'Artigues, *El gabinetazo*, Méxi- co: Grijalbo, 2002.

[12] DianaX (@dianavegal). twitter.com/dianavegal/.

[13] A. Olascoaga, «Quién es el esposo de Xóchitl Gálvez y a qué se dedica», *Caras*, 4 de julio de 2023. www.caras.com.mx/ personalidades/quien-es-el-esposo-de-xochitl-galvez-y-a-que- se-dedica.

[14] Entrevista de Diana Gálvez [donde habla sobre la campaña «Jóvenes con Xóchitl» para apoyar la campaña de su madre, Xóchitl Gálvez, en las elecciones de Hidalgo], 18 de junio de 2010. www.youtube.com/watch?v=WNIHW6eHSwk&t=178s.

[15] Entrevista de Xóchitl Gálvez con Mónica Garza, *El nido de la Garza*, 13 de julio de 2023. www.youtube.com/watch?v= 9YffN8by7ZM&t=1720s.

[16] «5. Mi querido Cruz Azul», pódcast *Xóchitl Gálvez. Re- belde con causas*, octubre de 2022. open.spotify.com/episode/ 5M7B2vqrQEPuoAxC8JpCUn?si=6623ead60bba4385.

[17] Entrevista de Xóchitl Gálvez con Adela Micha, *La Saga*, 27 de junio de 2023. www.youtube.com/watch?v=oI7nuDg_7Pg &t=452s.

4. Una mujer hecha a sí misma

[1] *Desarrollo Humano. Oficina para el Desarrollo de los Pueblos Indígenas. Xóchitl Gálvez Ruiz.* www.diputados.gob.mx/bibliot/publica/gabinete/xochitl.htm.

[2] «37. Mi empresa: High Tech Services», pódcast *Xóchitl Gálvez. Rebelde con causas,* mayo de 2023. open.spotify.com/episode/2LZTaEqNFUqtfm2Xwi3CN1?si=d039b9c2715a46aa.

[3] Xóchitl Gálvez, «Triunfar sin olvidarte de mis raíces», *TEDx PaseoDeLasTorres* (TEDx Talks), Centro de Negocio de Pachuca, enero de 2019. www.youtube.com/watch?v=ztQyc63-nis.

[4] *Desarrollo Humano. Oficina para el Desarrollo de los Pueblos Indígenas. Xóchitl Gálvez Ruiz.* www.diputados.gob.mx/bibliot/publica/gabinete/xochitl.htm.

[5] C. García, «¿Cuáles son las empresas de Xóchitl Gálvez? ¿A qué se dedican?», *Expansión Política,* 13 de julio de 2023. politica.expansion.mx/elecciones/2023/07/13/empresa-de-xochitl-galvez-high-tech-service.

[6] «¿Autogol? AMLO exhibe contratos de empresas de Xóchitl Gálvez con Gobierno de México… durante su sexenio», *El Financiero,* 14 de julio de 2023. www.elfinanciero.com.mx/nacional/2023/07/14/autogol-amlo-exhibe-contratos-de-empresas-de-xochitl-galvez-con-gobierno-de-mexico-durante-su-sexenio/.

[7] Entrevista de Xóchitl Gálvez con Carmen Aristegui, *aristeguinoticias.com,* 18 de julio de 2023. www.youtube.com/watch?v=ByioA4X82Nk&t=110s.

[8] «38. Mi fundación», pódcast *Xóchitl Gálvez. Rebelde con causas,* mayo de 2023. open.spotify.com/episode/45c0K5I9Rc75hejBg85KsB?si=332c14877d89469c.

[9] Revisión hemerográfica.

[10] «Xóchitl Gálvez: Viví la violencia de género y voy a combatirla», *Cima Noticias,* 26 de enero de 2010. cimacnoticias.com.mx/noticia/xochitl-galvez-vivi-la-violencia-de-genero-y-voy-a-combatirla/.

5. La misión de servir

[1] «31. Servir es lo mío (parte i)», pódcast *Xóchitl Gálvez. Rebelde con causas*, marzo de 2023. open.spotify.com/episode/2ZyWNqksNFilKBpauk6Gde.

[2] Xóchitl Gálvez, «Acuerdos de San Andrés Larráinzar», *El Heraldo*, 9 de marzo de 2023. heraldodemexico.com.mx/opinion/2023/3/9/acuerdos-de-san-andres-larrainzar-487779.html.

[3] «32. Servir es lo mío (parte ii)», pódcast *Xóchitl Gálvez. Rebelde con causas*, abril de 2023. open.spotify.com/episode/47FpjSj6H459rkre8YUdpS.

[4] R. Trejo Delarbre y A. Vega Montiel, *Informe. Medios de comunicación y elecciones en los estados (2010)*, Instituto Federal Electoral, 2010.

[5] «35. Servir es lo mío (parte iv)», pódcast *Xóchitl Gálvez. Rebelde con causas*, abril de 2023. open.spotify.com/episode/2eV8egihkDS43nRmP6iBii.

[6] *Idem.*

[7] Entrevista de Xóchitl Gálvez con René Delgado, *Entre Dichos* (*El Financiero*), 28 de febrero de 2023. www.youtube.com/watch?v=F_R-4tw1Qq8.

[8] Entrevista de Xóchitl Gálvez con Nacho Lozano, *Imagen Televisión*, 14 de julio de 2023. www.youtube.com/watch?v=RQAubXRCu4w.

6. La sabiduría indígena

[1] «Entrevista con la Senadora Xóchitl Gálvez», *Sabiduría Psicodélica* con Yannina Thomassiny. Sonoro. open.spotify.com/episode/3uoZ6334e4VQhRCAaRUtlp?si=21423da469a949dc.

[2] Entrevista de Xóchitl Gálvez con Fernando del Collado, *Tragaluz* (*Latinus*), 2 de agosto de 2021. www.youtube.com/watch?v=KTj7dfFDD_4.

[3] *Censo de Población y Vivienda 2020*, Instituto Nacional de Estadística y Geografía, 2020.

[4] Entrevista de Xóchitl Gálvez con Ramón Alberto Garza, *Código Magenta*, 13 de julio de 2023. www.youtube.com/watch?v=YW2YXKd3G2Q.

7. La Señora X

[1] Z. Raziel, «Presidente y director de campaña: las reglas de la sucesión en Morena fueron redactadas por López Obrador en Palacio Nacional», *El País*, 15 de julio de 2023. elpais.com/mexico/2023-07-15/presidente-y-director-de-campana-las-reglas-de-la-sucesion-en-morena-fueron-redactadas-por-lopez-obrador-en- palacio-nacional.html.

[2] G. Zerega, «López Obrador dice que cumplirá con las órdenes del INE sobre Xóchitl Gálvez "bajo protesta"», *El País*, 17 de julio de 2023. elpais.com/mexico/2023-07-17/lopez-obrador-dice-que-cumplira-con-las-ordenes-del-ine-sobre-xochitl-galvez-bajo-protesta.html.

[3] V. Gamboa, «Xóchitl Gálvez responde a AMLO: "Mi empresa es tan chingona que hasta su gobierno me contrata"», *El Universal*, 12 de julio de 2023. www.eluniversal.com.mx/elecciones/xochitl-galvez-responde-a-amlo-mi-empresa-es-tan-chingona-que-hasta-su-gobierno-me-contrata/.

[4] S. Pantoja, «Víctor Hugo Romo denuncia a Xóchitl Gálvez por corrupción y enriquecimiento ilícito», *Proceso*, 20 de julio de 2023. www.proceso.com.mx/nacional/2023/7/20/victor-hugo-romo-denuncia-xochitl-galvez-por-corrupcion-enriquecimiento-ilicito-311125.html.

[5] D. Benítez, «INE da 6 horas a AMLO para bajar otra "mañanera" sobre logros del Gobierno», *El Financiero*, 14 de marzo de 2022. www.elfinanciero.com.mx/nacional/2022/03/14/ine-da-6-horas-a-amlo-para-bajar-otra-mananera-sobre-logros-del-gobierno/.

⁶ Entrevista de Xóchitl Gálvez con Carlos Loret de Mola, *Latinus*, 5 de julio de 2023. www.youtube.com/watch?v=Rzn CkcakVhk.

⁷ Raymundo Riva Palacio, «No queremos otro Colosio», *El Financiero*, 24 de julio de 2023. www.elfinanciero.com.mx/ opinion/raymundo-riva-palacio/2023/07/24/no-queremos-otro-colosio/.

⁸ G. Frescas, «Xóchitl Gálvez denuncia a AMLO ante la FGR por revelar información sobre sus empresas», *El Financiero*, 27 de julio de 2023. www.elfinanciero.com.mx/nacional/2023/07/27/ xochitl-galvez-denuncia-a-amlo-ante-la-fgr-por-revelar-informa cion-sobre-sus-empresas/.

⁹ «"El que nada debe, nada teme": Xóchitl Gálvez acude a la FGR para solicitar acceso a investigaciones en su contra», *Animal Político*, 31 de julio de 2023. www.animalpolitico.com/ politica/xochitl-galvez-fgr-acceso-investigaciones-en-su-contra.

8. El camino presidencial

¹ M. Ibarra, «"Ganas de desaforarme no le faltarían", dice Xóchitl Gálvez sobre AMLO», *Expansión Política*, 19 de julio de 2023. politica.expansion.mx/elecciones/2023/07/19/xochitl-galvez-ganas-de-desaforarme-a-amlo-no-le-faltarian.

² *Estadísticas, Lista Nominal y Padrón Electoral INE*, INE, corte al 4 de agosto de 2023.

³ Entrevista de Xóchitl Gálvez con Gabriela Warkentin, *Gatopardo*, serie «Los presidenciables», 9 de julio de 2023. gatopardo.com/noticias-actuales/xochitl-galvez/.

⁴ U. Juárez, «Absurdo, seguir apostando a los combustibles fósiles, dijo Xóchitl Gálvez», *Energía Debate*, 25 de julio de 2023. energiaadebate.com/absurdo-seguir-apostando-a-los-com bustibles-fosiles-dijo-xochitl-galvez.

⁵ Intervención de la senadora Xóchitl Gálvez en la discusión «Decreto por el que se reforman, adicionan y derogan diversas disposiciones de la Constitución Política de los Estados Unidos Mexicanos en Materia de Guardia Nacional», Senado de la República, 4 de octubre de 2022.

⁶ C. García, «Tengo los suficientes "ovarios" para combatir al crimen: Xóchitl Gálvez», *La Jornada*, 1.° de agosto de 2023. www.jornada.com.mx/notas/2023/08/01/politica/tengo-los-suficientes-ovarios-para-combatir-al-crimen-xochitl-galvez/.

⁷ D. A., Viña, «Xóchitl Gálvez reivindica la polémica política de seguridad de Felipe Calderón: "No habrá abrazos"», *El País*, 2 de agosto de 2023. elpais.com/mexico/2023-08-03/xochitl-galvez-reivindica-la-polemica-politica-de-seguridad-de-felipe-calderon-no-habra-abrazos.html.

⁸ «29. ¿Cómo es marchar un 8M?», pódcast *Xóchitl Gálvez. Rebelde con causas*, marzo de 2023. open.spotify.com/episode/02zQHBhpSQbwnTILg3BJ0P?si=b0fa36a55d5941a9.

⁹ L. Arista, «En tres años, AMLO suma varios desencuentros con el movimiento feminista», *Expansión Política*, 30 de septiembre de 2021. politica.expansion.mx/presidencia/2021/09/30/amlo-desencuentros-con-el-movimiento-feminista.

¹⁰ «AMLO dice que sí atenderán a madres buscadoras y pide no usar desapariciones con propósitos "politiqueros"», *Animal Político*, 31 de julio de 2023. www.animalpolitico.com/politica/amlo-atenderan-madres-buscadoras-desapariciones-propositos-politiqueros.

¹¹ G. Galván, «Migración y nearshoring, las mayores oportunidades con EU, dice Xóchitl Gálvez a Fox News», *El Universal*, 30 de julio de 2023. www.eluniversal.com.mx/mundo/migracion-y-nearshoring-las-mayores-oportunidades-con-eu-dice-xochitl-galvez-a-fox-news/.

¹² «Y a todo esto, ¿cuál es la propuesta de Xóchitl para seguro médico de trabajadores?», *El Financiero*, 24 de julio de 2023. www.elfinanciero.com.mx/nacional/2023/07/24/y-a-todo-

esto-cual-es-la-propuesta-de-xochitl-para-seguro-medico-de-trabajadores/.

[13] Entrevista de Xóchitl Gálvez con Ciro Gómez Leyva, *Ciro Gómez Leyva por la mañana*, 27 de junio de 2023. www.youtube.com/watch?v=Fi31G1GAtGg.

9. La invitada sorpresa

[1] Entrevista de Xóchitl Gálvez con José Cárdenas, *Fórmula Noticias*, 31 de julio de 2023. www.youtube.com/watch?v=Ebdp K57vSp4.

[2] L. Arista, «Con 90 políticos asesinados, en 2021, las campañas más violentas desde 2000», *Expansión* Política, especial «Decisión 2021», 5 de junio de 2021. politica.expansion. mx/mexico/2021/06/05/voces-90-politicos-asesinados-en-2021-las-campanas-mas-violentas-desde-2000.

[3] «Xóchitl Gálvez vende su departamento por una apuesta», *El Economista*, 20 de febrero de 2018. www.eleconomista.com. mx/politica/Xochitl-Galvez-vende-su-departamento-por-una-apuesta-20180220-0064.html.

[4] M. Ibarra, «"Ganas de desaforarme no le faltarían", dice Xóchitl Gálvez sobre AMLO», *Expansión Política*, 19 de julio de 2023.   politica.expansion.mx/elecciones/2023/07/19/xochitl-galvez-ganas-de-desaforarme-a-amlo-no-le-faltarian.

[5] D. S. Vela, «Tribunal Electoral percibe violencia de género en los dichos de AMLO vs. Xóchitl», *El Financiero*, 3 de agosto de 2023. www.elfinanciero.com.mx/nacional/2023/08/03/tribunal-electoral-percibe-violencia-de-genero-en-los-dichos-de-amlo-vs-xochitl/.

[6] Villa y Caña, P. «El INE y el Tribunal Electoral están vendidos y alquilados, acusa AMLO», *El Universal*, 4 de agosto de 2023.   www.eluniversal.com.mx/nacion/el-ine-y-el-tribunal-electoral-estan-vendidos-y-alquilados-acusa-amlo/.

[7] «Xóchitl es la aspirante más competitiva frente a Sheinbaum, según encuestas», *Expansión Política*, 16 de agosto de 2023. politica.expansion.mx/elecciones/2023/08/16/xochitl-es-la-aspirante-mas-competitiva-frente-a-sheinbaum-segun-encuestas.